VOICE REBOOT

보이스 리부트

새로운 목소리로, 지금 리셋

정대용 | 김종현 | 안대성

 Weround

(((CONTENTS)))

(((들어가며)))

자신의 목소리를 알고 관리하는 것은 생각보다 중요한 일입니다. 사회가 현대화될수록 상담직, 서비스직, 전문 방송인 등 목소리를 사용하는 직업들이 늘어나며 목소리의 중요성이 강조되고 있습니다. 또한 일상생활에서도 건강하고 아름다운 목소리로 말하는 것은 삶의 질을 높이기 위해 꼭 필요한 요소입니다. 그래서 많은 사람들이 멋진 목소리를 만드는 법에 대해서 궁금해합니다.

포털사이트나 유튜브에서 '목소리'를 검색해 보면, '목소리 좋아지는 법', '목소리 커지는 법' 등 여러가지 연관검색어가 나옵니다. 이렇게 검색하여 나오는 영상을 보면 전통적으로 효과가 입증된 발성 훈련법도 있지만, 특정 음색을 만드는 데만 특화되어 근본적인 발성 능력 향상을 위한 방법과는 거리가 있는 경우가 많습니다. 문제는 이런 정보들이 정작 중요한 '왜 해야 하는지', '어떻게 해야 하는지'에 대해 충분히 알려주지 않는다는 점입니다. '왜', '어떻게'를 모르고 연습을 하다 보면 오랜 연습에도 불구하고 뚜렷한 발성 능력 향상이 나타나지 않게 됩니다.

보이스 리부트는 발성 훈련을 시도해봤지만 큰 효과를 보지 못한 분들을 위해 만들어졌습니다. 발성 훈련 현장에 일하면서, 발성에 관심이 있는 많은 분들이 개선이 없어 답답해 하시는 모습을 많이 보았습니다. 그 이유는 발성이라는 것이 한 가지 관점으로만 접근하면 이해하기 어려운 부분이 많기 때문입니다. 그래서 우리는 대학병원 음성치료사들의 경험과 전문 지식을 바탕으로, 발성 능력 향상에 필요한 다양한 관점을 담고자 했습니다. 책을 읽는 독자분들은 다양한 관점에서 나의 문제를 인식하고 그에 맞는 훈련법과 만나게 될 것입니다.

이 책은 어떻게 연습을 시작해야 할지 막막한 분들이 보다 쉽게 해답을 찾을 수 있도록 구성되었습니다. 전체 구성은 다음과 같습니다.

1장에서는 자신의 목소리 상태를 점검할 수 있는 체크리스트를 제공합니다. 이를 통해 현재 발성에서 어떤 부분이 부족한지 파악할 수 있습니다.

2장에서는 발성에 영향을 미치는 6가지 핵심 요소를 살펴보고, 목소리를 개선하는 데 중요한 리부트 포인트를 제공합니다.

3장에서는 본격적인 연습에 들어가기 전에, 각 리부트 포인트에 대한 설명과 적절한 훈련법을 제시합니다.

4장에서는 실제로 연습할 수 있는 발성 훈련법을 소개합니다.

5장에서는 연습한 발성을 일상적인 말소리로 확장할 수 있는 실전 연습 문장을 제공합니다.

6장에서는 실제 발성 훈련 과정에서 떠오를 수 있는 여러 의문점과 그에 대한 답변이 준비되어 있습니다.

부록에서는 음성 분석 어플리케이션 사용법을 적어 놓았습니다. 그리고 발성 연습 워크북을 통해 직접 연습과정을 작성하며 훈련할 수 있도록 하였습니다.

목소리는 단순히 타고난 것이 아니라, 훈련을 통해 충분히 개선할 수 있습니다. 좋은 목소리가 내 안 어딘가에 이미 자리 잡고 있기 때문이지요. 처음에는 조금 낯설고 어색할 수도 있지만, 꾸준히 연습하다 보면 잊혀져 있던 나의 좋은 목소리를 발견하게 될 것입니다. 이 책을 통해 여러분의 목소리를 '리부트'하세요!

저자 일동

목소리 바로 알기

Voice Check list for beginner

여러분은 목소리에 어떤 고민이 있나요? 오래 말하면 목소리가 쉬어 불편한가요? 사람들 앞에만 서면 목소리가 떨려 고민인가요? 발표를 할 때면 숨이 부족해 고민입니까? 이 밖에도 목소리에 대한 다양한 고민들이 우리 생활에 가까이 있습니다.

　그럼 목소리가 좋아지려면 무엇을 해야 할까요? 복식 호흡? 코를 울리며 말하기? 아니면 유명인들이 소개하는 5분 만에 발성 좋아지는 법 영상을 따라해 볼까요? 영상을 보니 효과가 있는 것 같습니다. 하지만 막상 연습하려니 그 방법이 너무 어렵고 또 무작정 따라하려니 나에게 정말 필요한 연습인지 확인할 수 없어 막막합니다.

　여러분은 스스로의 목소리에 대해 얼마나 알고 계시나요? 거울로 보는 내 모습과 남이 보는 나의 모습은 크게 다르지 않습니다. 그러나 자신이 알고 있는 목소리와 남이 듣는 나의 목소리는 다르게 들릴 수 있습니다. 그 이유는 우리가 거울로 생김새를 보는 것과 달리 목소리는 거울 보듯 자주 볼 수 없기 때문입니다. 자신의 목소리를 관찰하지 않으면 내 본연의 목소리를 알지 못해 목소리에 문제가 생겼을 때 대처하기 어렵습니다. 그래서 자신의 목소리를 바로 알아야 합니다.

목소리 바로 알기는 나에게 필요한 연습이 무엇인지 생각해보는 과정입니다. 자신의 목소리를 객관적으로 판단할 수 있어야 올바른 발성 훈련을 적용하고 문제를 해결할 수 있습니다.

여기 좋은 목소리와 좋지 않은 목소리를 구분하는 6가지 주제의 총 30개 문항이 준비되어 있습니다. 문항을 읽고 Good, Bad 중 한 가지를 선택하여 목소리 습관을 확인하시기 바랍니다.

일러두기

본 체크리스트는 목소리에 대한 이해와 자신의 발성습관을 확인하기 위해 제작된 설문지입니다. 문항은 Good, Bad 항목으로 이루어져 있습니다.
자신의 상태와 가장 가까운 곳에 체크하시기 바랍니다.

체크를 다 마치셨다면 아래 Good 항목에 개수를 적어 주시기 바랍니다.

1. 발성 (목소리의 정체성) Good _____개

목소리를 내는 방식과 목소리 사용 습관에 관한 질문이 준비되어 있습니다. 여러분은 목소리를 어떻게 사용하고 계시나요? 나의 발성이 어떠한지 체크를 통해 확인하세요.

1) 내가 생각하는 나의 목소리는

Good □ 자연스러운 편이다.

Bad   □ 떨리는 편이다. 허스키한 편이다. 아이 같은 편이다.

2) 주변사람들은 대체적으로 나에게

Good □ 목소리가 좋다고 한다. 목소리 지적을 하지 않는다.

Bad   □ 목소리가 작다고 한다. 목소리를 크게 내달라고 요청한다.

3) 나는 말을 오랫동안 해도(하면)

Good □ 목이 쉬지 않는다.

Bad   □ 목이 불편하다. 통증이 느껴진다. 목이 피곤하다.

4) 나의 목소리는

Good □ 컨디션에 영향을 받지 않는다.

Bad   □ 컨디션에 영향을 많이 받는다.

5) 나는 목소리의

Good □ 음정과 강도(큰소리 ~ 작은 소리)를 자유롭게 조절할 수 있다.

Bad □ 음정과 강도를 뜻대로 조절하기 힘들거나 조절할 수 없다.

2. 호흡 (숨의 생명력) Good _____ 개

호흡(숨)은 목소리를 만들어내는 중요한 요소입니다. 숨을 어떻게 활용할 것인지에 따라 목소리도 달라지게 됩니다. 나의 호흡 패턴이 어떠한지 체크를 통해 확인하세요.

1) 내가 생각하는 나의 호흡은

Good □ 충분한 편이다.

Bad □ 부족한 편이다. 과하게 호흡하는 편이다.

2) 주변사람들은 나에게 대체적으로

Good □ 호흡이 좋다는 말을 한다. 호흡에 대한 언급을 하지 않는다.

Bad □ 숨 좀 쉬어가면서 이야기하라는 말을 한다.

3) 나는 말할 때 호흡이

Good □ 안정된 편이다. 의식하지 않는 편이다.

Bad □ 불안정한 편이다. 떨리는 편이다.

4) 나는 말을 오래 하면(오래 해도)

Good □ 몸에 불편함이 없다. 몸이 안정된다.

Bad □ 복부가 단단해지거나 가슴이 답답해진다.

5) 나는 호흡을 이용한

Good □ 다양한 감정표현(슬픔, 기쁨, 분노)을 할 수 있다.

Bad □ 다양한 감정표현을 할 수 없다. 다양한 표현이 있다는 것을 모른다.

3. 발음 (자연스러운 말소리) Good _____개

발음은 목소리와 함께 말소리를 만드는 요소입니다. 상대방에게 말의 의미를 정확하고 효율적으로 전달하려면 발음을 명료하게 전달해야 합니다. 나의 발음이 어떠한지 체크를 통해 확인하세요.

1) 내가 생각하는 나의 발음 전달력은

Good □ 명료한 편이다.

Bad □ 부정확한 편이다. 지나치게 또박또박 발음하는 편이다.

> **┌─ 여기서 잠깐! ─────────**
>
> 또박또박 정확하게 발음하는 것이 전달력에 좋지 않나요?
> 발음 전달면에서는 좋을 수 있지만 지나친 발음 긴장 때문에 발성에 영향을 주어 자연스러운 말의 흐름을 방해 할 수 있습니다.

2) 주변사람들은 대체적으로

Good □ 나에게 발음이 정확하다고 한다. 내 발음을 정확히 알아듣는다.

Bad □ 나에게 발음에 대해 한 번 더 말해 주길 부탁한다.

3) 나의 발음은

Good □ 모두 정확한 편이다.

Bad □ 특정 발음에 문제가 있는 편이다.

4) 나는 말을 하는 중에 (글을 읽는 중에)

Good □ 발음이 꼬이지 않는다.

Bad □ 발음이 자주 꼬인다.

5) 나는 모음과 자음이

Good □ 입 안 어느 위치에서 발음되는지 알고 있다. 어느 정도 이해하고 있다

Bad □ 입 안 어느 위치에서 발음되는지 전혀 모른다. 생각해본 적 없다.

4. 공명 (조화로운 울림) Good _____개

공명이란 발성 기관의 공간인 구강, 비강, 인두강 등을 이용하여 목소리를 증폭시키는 것을 말합니다. 그러나 모두 같은 울림을 사용하는 것은 아닙니다. 나의 공명이 어떠한지 체크를 통해 확인하세요.

1) 내가 생각하는 나의 목소리는

Good □ 적당한 울림을 가진 편이다.

Bad   □ 울림이 없는 편이다. 울림이 부족한 편이다.

2) 주변사람들은 대체적으로 나에게

Good □ 울림통이 좋다, 울림이 좋다, 목청이 좋다는 말을 한다.

Bad   □ 울림통이 작다, 먹는 듯한 답답한 소리, 목구멍이 막힌 소리, 맹맹한 소리
            라는 말을 한다.

3) 나는 내 목소리를

Good □ 멀리 전달할 수 있다.

Bad   □ 소리를 질러야 멀리 보낼 수 있다. 생각한 만큼 멀리 못 보낸다.
            멀리 보내기 힘들다.

4) 나는 목소리를 낼 때 목구멍이

Good □ 열리고 편안한 느낌이다.

Bad   □ 막히고 조이는 느낌이다.

여기서 잠깐!

목구멍은 어디인가요?

입을 벌렸을 때 보이는 아치형 구조(목젖)에서 후두까지 이어진 공간을 말합니다. 아치형 구조는 입으로 숨을 깊게 들이마셨을 때 입안 깊숙한 곳에서 시원해지는 느낌으로 확인 할 수 있습니다.

5) 나의 목소리는

Good □ 가슴이 울린다.

Bad □ 코만 울린다. 가슴이 울리지만 답답한 울림이다. 몸 어느 곳도 울리지 않는다.

5. 자세 (유연하고 바른 몸) Good _____개

자세는 바른 목소리를 만들어주는 기본적이고 필수적인 요소입니다. 발성에서 자세
란 전반적인 신체의 균형과 긴장, 얼굴 표정, 시선까지 다양합니다. 나의 자세습관이
어떠한지 체크를 통해 확인하세요.

1) 내가 생각하는 나의 자세는

Good □ 전체적으로 균형 잡힌 편이다.

Bad □ 상체나 하체 또는 목과 머리, 등과 허리의 균형이 맞지 않는 편이다.

2) 주변 사람들은 대체적으로 나에게

Good □ 자세가 바르다고 한다. 자세에 대해 지적하지 않는다.

Bad □ 자세가 좋지 않다고 한다.

3) 주변사람들은 대체적으로 나에게

Good □ 표정(인상)이 생기 있거나 편안하다고 한다. 표정에 대해 말하지 않는다.

Bad □ 표정(인상)에 대해 자주 언급한다.

4) 나는 말을 할 때

Good □ 얼굴(눈, 코, 입, 턱)이 편안하고 자연스럽다.

Bad □ 얼굴 중 한 곳이 불편하거나 긴장되고 움직임이 부자연스럽다.

5) 나는 말을 하면

Good □ 대상을 향해 시선을 정확히 두고 말하는 편이다.

Bad □ 대상이 있어도 시선을 어디에 두어야 할지 모르겠다. 긴장되어서 시선을
　　　　피한다.

— 여기서 잠깐! —

목소리와 시선
안정된 목소리를 가진 사람은 시선이 불안하지 않습니다. 어려운 사람과의 대화와 편안
한 사람과의 대화에서 어떤 차이가 있는지 생각해 보면 그 연관성을 알 수 있습니다.

---

6. 심리 (안정된 마음) Good _____개

심리는 목소리를 관리하는 데 중요한 역할을 합니다. 객관적으로 목소리를 이해하고
심리가 안정된 사람은 안정된 발성을 만들어냅니다. 목소리에 대해 나의 심리가 어떠
한지 체크를 통해 확인하세요.

1) 나는 내 목소리의

Good □ 장점과 단점을 알고 있다.

Bad □ 장점과 단점을 모르고 있다. 장점과 단점을 생각해본 적이 없다.

2) 주변사람들이 나에게

Good □ 목소리에 대해 충고를 하면 적절히 수용하는 편이다.

Bad □ 목소리에 대해 충고를 하면 지나치게 신뢰하는 편이다. 또는 잘 듣지 않는 편이다.

3) 나는 내 목소리의 변화가 왔을 때

Good □ 변화가 오게 된 원인을 알고 잘 대처할 수 있다.

Bad □ 대처할 수 없어 불안하다. 또는 잘 모르겠다.

4) 나는 내 목소리를 이용하여

Good □ 다른 목소리 방식의 사용(성대모사)이 자유롭다.

Bad □ 다른 목소리 방식의 사용(성대모사)이 불편하다. 또는 해본 적 없다.

> ── **여기서 잠깐!** ──────────────
>
> **성대모사(다른 목소리 사용 방식의 이해와 사용)**
> 발성연습 후 목소리 변화에 대한 기대감이 있는지, 목소리를 바꾸는 것에 대해 많은 부담이 있는지 확인하는 문항입니다. 성대모사 실력과 관계없이 체크해주세요.

5) 나는 중요한 일(발표, 공연 등)을 앞두고 내 목소리를

Good □ 평상시처럼 관리한다.

Bad　□ 지나치게 관리한다. 또는 관리하지 않는다.

여기서 잠깐!

지나치게 관리한다는 것은 방안의 습도를 과도하게 높이거나, 목소리에 관련된 민간요법(날계란, 목캔디, 생강차, 모과차 먹기 등) 또는 극단적인 묵언과 같이 일상적인 생활 습관에서 크게 벗어난 강박적인 관리들을 말합니다.

이제 항목 별 점수들을 정리해 보겠습니다.

발성　Good _____ 개　　　호흡　Good _____ 개

발음　Good _____ 개　　　공명　Good _____ 개

자세　Good _____ 개　　　심리　Good _____ 개

점수가 가장 높은 항목은 무엇이고 가장 낮은 항목은 무엇이었습니까? 모든 항목이 5점이 나왔다면 당신은 좋은 발성을 사용하고 있습니다. 하지만 목소리나 말에 불편함을 가지고 있다면 당신은 가장 낮은 점수의 항목부터 발성 연습을 시작해야 합니다. 우리의 목소리와 말은 위 6가지 항목 중 한 가지 항목이라도 문제가 있을 때 불편함이 생기는 것이기 때문입니다. 예를 들어 쉰 목소리를 가진 사람의 호흡 점수가 5점이라 하여도 공명 점수가 1점이라면 공명의 문제로 인해 쉰 목소리가 발생할 수 있습니다.

체크리스트를 통해 나의 목소리를 바로 알게 되었습니다. 체크하며 확인했던 항목 중 Good점수가 낮았던 세 가지 항목을 적은 뒤 해당 항목의 챕터를 보고 연습하시기 바랍니다.

1. _____

2. _____

3. _____

· 발성 챕터: 2.1

· 호흡 챕터: 2.2

· 발음 챕터: 2.3

· 공명 챕터: 2.4

· 자세 챕터: 2.5

· 심리 챕터: 2.6 부터 시작합니다.

VOICE REBOOT

2

리부트 포인트

Reboot Point

리부트 포인트는 발성을 구성하는 여섯 가지 주요 요소인 발성(성대진동), 호흡, 발음, 공명, 자세, 심리를 기준으로 목소리의 문제를 진단하고, 그에 맞는 해결 방향을 제시하는 이정표입니다. '하지 말아야 할 것'보다 '해야 할 것'을 중심으로 제안하며, 좋은 발성을 찾기 위한 실질적인 가이드가 되어 줄 것입니다.

1장에서 설문을 통해 나에게 부족한 영역을 파악했다면, 2장에서는 그에 해당하는 리부트 포인트의 이름과 개요를 확인할 수 있습니다. 이후 3장에서 해당 포인트의 구체적인 설명과 연습 방법을 확인한 후, 4장에서 본격적인 훈련을 시작하게 됩니다. 이 흐름에 따라 자신에게 꼭 필요한 훈련 방법을 선택해 연습해보세요.

2.1. 발성

① 발성의 초점이 또렷하다 ▶ 3.1.1.로 이동 / page 38

② 볼륨 조절이 자유롭다 ▶ 3.1.2.로 이동 / page 39

③ 목소리가 앞을 향해 뻗어 나간다 ▶ 3.1.3.로 이동 / page 40

④ 큰 소리와 높은 음이 편안하다 ▶ 3.1.4.로 이동 / page 43

⑤ 음질이 선명하고 깨끗하다 ▶ 3.1.5.로 이동 / page 44

2.2. 호흡

① 필요한 양의 호흡으로 말한다 ▶ 3.2.1.로 이동 / page 47

② 몸 전체를 사용하여 호흡한다 ▶ 3.2.2.로 이동 / page 48

③ 코와 입을 통해 자유롭게 호흡한다 ▶ 3.2.3.로 이동 / page 50

④ 호흡을 의식하지 않고 말한다 ▶ 3.2.4.로 이동 / page 51

⑤ 호흡에 메시지가 담긴다 ▶ 3.2.5.로 이동 / page 53

2.3. 발음

① 허가 올바른 위치에 닿는다 ▶ 3.3.1.로 이동 / page 56

② 발음이 명료하게 전달된다 ▶ 3.3.2.로 이동 / page 57

③ 입술 모양이 자연스럽다 ▶ 3.3.3.로 이동 / page 60

④ 턱이 적당한 크기로 열린다 ▶ 3.3.4.로 이동 / page 61

⑤ 발음의 연음이 자연스럽다 ▶ 3.3.5.로 이동 / page 62

2.4. 공명

① 목소리가 깊고 울림 있다 ▶ 3.4.1.로 이동 / page 64

② 후두가 안정된 위치에 있다 ▶ 3.4.2.로 이동 / page 67

③ 알맞은 비강공명을 사용한다 ▶ 3.4.3.로 이동 / page 68

④ 안면부 진동을 느끼며 말한다 ▶ 3.4.4.로 이동 / page 70

⑤ 입안과 목구멍이 열려 있다 ▶ 3.4.5.로 이동 / page 72

2.5. 자세

① 고개가 바르게 정면을 향한다 ▶ 3.5.1.로 이동 / page 76

② 신체가 전체적으로 균형 있다 ▶ 3.5.2.로 이동 / page 77

③ 입과 턱이 여유 있다 ▶ 3.5.3.로 이동 / page 79

④ 시선이 지향점을 향한다 ▶ 3.5.4.로 이동 / page 80

⑤ 편안한 표정으로 말한다 ▶ 3.5.5.로 이동 / page 81

2.6. 심리

① 나는 다양한 목소리를 낼 수 있다 ▶ 3.6.1.로 이동 / page 84

② 나의 목소리는 건강하고 힘 있다 ▶ 3.6.2.로 이동 / page 85

③ 나는 목소리를 멀리 전달할 수 있다 ▶ 3.6.3.로 이동 / page 87

④ 나의 목소리는 자신감이 느껴진다 ▶ 3.6.4.로 이동 / page 88

⑤ 나는 발성 문제를 알고 개선할 수 있다 ▶ 3.6.5.로 이동 / page 89

3

리부트 포인트 이해하기

Understanding the Reboot Points

목소리가 좋으면 사회생활에 있어서 많은 이점이 있습니다. 저명한 심리학자 Albert Mehrabian에 따르면 상대방에게 메시지를 전달할 때 언어적 요소(말의 내용), 청각적 요소(목소리), 시각적 요소(외모, 표정 등) 중 청각적 요소가 차지하는 중요성이 무려 38%에 달한다고 합니다.[1] 이처럼 목소리는 효율적인 메세지 전달에 매우 중요합니다. 그런데 내 목소리가 좋지 않다면 어떻게 해야 할까요? 좋은 목소리를 타고 나지 못했더라도 올바른 방법으로 가꾸고 관리함으로써 매력적인 목소리를 만들 수 있습니다.[2] 그래서 지금도 많은 사람들이 좋은 목소리를 얻기 위하여 다양한 방식으로 노력하고 있습니다.

하지만 목소리는 눈에 보이지 않고, 목소리를 만들어주는 기관들은 우리 몸 속에 꼭꼭 숨어서 모습을 드러내지 않습니다. 그래서 발성훈련을 했을 때 내가 제대로 하고 있는지 확인하기 어렵습니다. 심지어 발성과 전혀 관련

없는 방법을 발성 훈련이라고 믿고 오랜 시간 연습하는 경우도 있어요. 그렇다면 어떻게 해야 올바른 발성 훈련이 될까요? 핵심은 발성에 대한 감각을 정확히 이해하고, 그 감각을 바탕으로 훈련하는 것입니다.

발성 감각은 크게 7가지로 소리의 위치, 소리의 거리감, 소리의 포커스(초점), 소리의 공명감, 음높이에 따른 방향성, 진성과 가성 감각 차이, 음질에 대한 감각이 있습니다.

1. **위치** : 머리 중심부 기준으로 소리가 나는 위치를 전후 상하로 구분할 수 있는지에 대한 감각
2. **거리** : 소리를 가까운 곳에서부터 먼 곳까지 전달 할 수 있는지에 대한 감각
3. **포커스(초점)** : 발성 시 초점이 맞아 소리를 또렷하게 낼 수 있는지에 대한 감각
4. **공명** : 구강, 비강, 인두강 등을 사용하여 목소리를 증폭시킬 수 있는지에 대한 감각
5. **음높이에 따른 방향성** : 음정 변화에 따라 수직적 방향으로 높아지는지, 수평적 방향으로 나아가는지에 대한 감각(후두의 높낮이를 느끼는 감각)
6. **진성과 가성** : 안정적인 성대접촉으로 진성을 사용하는지, 성대의 불완전한 접촉으로 가성을 사용하는지에 대한 감각
7. **음질** : 음질이 부드러운지, 탁한지, 거친지, 깨끗한지 등에 대한 감각

오랫동안 발성 연습을 해도 좋아지지 않는 분들은 이 감각들에 대한 이해 없이 훈련했을 확률이 높습니다. 또는 감각들에 대한 개념은 있지만 명확

한 기준 없이 연습했을 수도 있습니다. 기준이 없는 상태로 발성 훈련을 하다 보면 연습할 때마다 다른 소리를 내게 되어서 좋은 발성 습관을 가지기 어렵습니다. 발성에 대한 감각을 명확하게 이해하고 그 기준을 잡는다면 여러가지 발성 훈련들을 나에게 도움이 되는 형태로 시도할 수 있을 것입니다.

리부트 포인트 이해하기에서는 각각의 포인트마다 관련된 발성 감각에 대한 설명들이 나옵니다. 이 감각들이 뜻하는 것이 무엇이고, 목소리에 어떤 영향을 미치는지 이해하는 것은 발성 훈련을 하기 전에 반드시 거쳐야 하는 과정입니다.

좋은 발성이란 오랫동안 목소리를 사용해도 목이 쉬지 않고 내가 표현하고자 하는 소리를 자유롭게 표현할 수 있는 발성입니다. 이 장에서는 여러분들이 문제의 원인과 해결법을 쉽게 파악하고 이해할 수 있도록 각 리부트 포인트에 대한 설명과 훈련법을 연결해두었습니다. 나에게 필요한 포인트만 알고 싶다면 선택적으로 읽을 수도 있고, 정독한다면 발성에 대한 원리를 전체적으로 이해할 수 있을 것입니다.

3.1. 성대가 제대로 마주쳐야 진짜 소리가 난다 : 발성

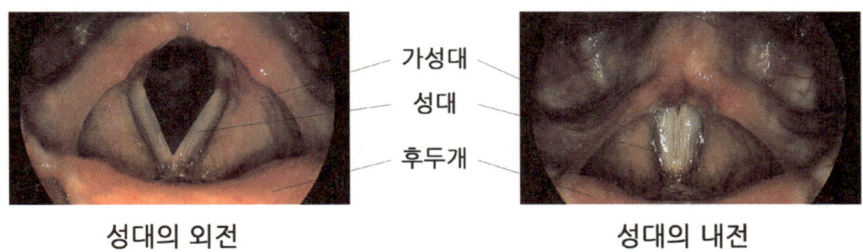

성대의 외전   가성대 / 성대 / 후두개   성대의 내전

<그림 1> 정상 성대의 내외전

후두는 목소리를 내는 기관입니다. 흔히 목소리를 내는 곳이라 알고 있는 성대는 후두 안에 <그림 1>처럼 자리하고 있습니다. 성대는 숨 쉴 때 왼쪽 사진처럼 벌어지고, 목소리를 낼 땐 오른쪽 사진처럼 두 성대가 맞닿아 호흡의 힘으로 진동합니다. 목소리가 좋은 분들은 양쪽 성대의 접촉이 대칭적이고 안정적인 반면, 목소리가 안 좋은 분들은 성대의 접촉이 비대칭적이고 불안정합니다. 이해를 돕기 위해 실제 성대의 움직임을 박수치기로 예를 들어 보겠습니다.

손가락에 힘을 잔뜩 주고 박수를 쳐보세요. 이번엔 손에 힘을 완전히 빼고 박수를 쳐보세요. 마지막으로 평소처럼 적당하고 편안한 상태의 힘을 주고 박수를 쳐보세요. 세 박수 중 어떤 박수가 가장 편하고 소리가 잘 나오셨나요?

손가락에 힘을 잔뜩 주고 친 박수는 목소리로 예를 들면 성대 자체의 과도한 힘으로 강하게 부딪힌 것이라 할 수 있습니다. 성대가 강하게 부딪히면 목에 많은 힘이 들어가고 목소리는 좋은 울림을 내기 어렵게 됩니다. 반면 손에 힘을 완전히 빼고 친 박수는 성대에 힘이 부족한 상태로 부딪힌 것이라 할 수 있습니다. 그렇게 되면 목소리가 약해지고, 약해진 목소리를 보상하려는 힘 때문에 목에 힘을 더 주는 아이러니한 상황이 발생하게 됩니다. 흔히 목이 아프면 목소리를 무조건 약하게 내야 한다고 알려져 있지만, 좋은 소리를 내려면 적당량의 힘이 필요합니다.

그렇다면 어떻게 해야 성대를 적절하게 접촉시킬 수 있을까요? 발성 리부트 포인트를 살펴보며 올바른 성대접촉에 대해 알아보겠습니다. 발성은 호흡부터 공명까지 모든 개념을 포함한 말로 쓰이지만 이번 챕터에서는 성대접촉을 위주로 설명하겠습니다.

3.1.1. 발성의 초점이 또렷하다

대학생 A씨(22세, 여)는 사람들이 많은 카페나 식당, 지하철에서 자신의 목소리가 들리지 않는 것이 고민이다. 자신이 가늘고 약한 톤의 목소리라 말하는 A씨는 소음이 있는 환경에서도 전달력이 좋아졌으면 한다. 어떤 문제가 A씨의 목소리를 가늘고 약하게 만들었을까?

시끄러운 곳에서 말해도 목소리가 잘 들리는 사람이 있고, 조용한 곳에서 힘주어 말하는데도 불구하고 목소리가 잘 들리지 않아 되묻게 되는 사람이 있습니다. 발성의 초점이란 목소리가 얼마나 또렷한 지를 의미합니다. 초점이 잘 맞아야 또렷한 음질로 전달력 있는 말하기를 할 수 있습니다. 마치 눈의 초점이 안 맞으면 시야가 흐릿하고, 초점이 맞으면 시야가 또렷해지는 것처럼 목소리 또한 마찬가지입니다. 초점이 맞지 않는 소리를 내면 〈그림 2〉처럼 성대 특정 부분이 덜 붙는 형태로 접촉하게 되고, 바람이 새는 듯한 음질이 나타나게 됩니다. 이렇게 되면 성대 주변 후두근육들이 '성대가 잘 안 붙으니까 도와줘야지!'하듯 불필요한 힘을 주게 됩니다. 이 상태로 오랜 시간이 지나면 〈그림 3〉과 같이 성대 위쪽 근육들이 조여오며 목이 조이는 소리가 나게 됩니다.

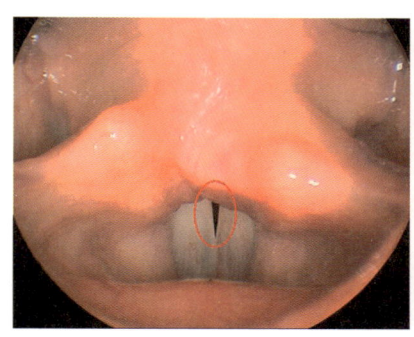 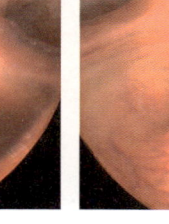

<그림 2> 뒷부분이 덜 닫히는 발성   <그림 3> 목구멍을 조이는 발성

성대를 잘 붙여서 또렷한 목소리를 사용하면 목을 조이지 않고 편안하게 말할 수 있습니다. 이때 성대를 잘 붙이려고 너무 강한 힘을 줘도 목을 조이게 되므로 적정 수준을 잘 찾는 것이 중요합니다. 적절한 성대접촉의 감각을 알기 위해서는 **4.1. 버징사운드**를 연습하면 도움이 됩니다.

3.1.2. 볼륨 조절이 자유롭다

자영업자 B씨(50세, 남)는 평소 시원시원하고 대범한 성격으로 목소리 또한 시원시원하고 큰 목소리를 사용한다. 큰 목소리로 주변에서 성량이 좋다는 말을 듣는 편이지만 정작 B씨는 그 말이 달갑지 않다. 사실 B씨는 작은 목소리로 말하고 싶지만, 그게 잘 되지 않아 어쩔 수 없이 크게 내는 것이기 때문이다.

여러분들은 장소와 상황에 맞는 목소리를 사용하시나요? 일상생활에서 상황에 맞는 적절한 목소리 크기가 있습니다. 조용한 도서관에서는 작은 목소리로 말해야 하고 멀리 있는 친구를 부르기 위해서는 큰 소리로 불러야 합니다. 노래를 부를 때도 서정적인 부분에서는 말하듯이, 클라이맥스에서는 감정을 담아 크게 부르며 상황에 맞는 볼륨을 사용해야 합니다. 그러나 종종 상황에 맞지 않은 목소리 크기로 말하는 분들이 있습니다. 무분별하게 큰 목소리를 사용하면 성대에 가해지는 스트레스의 총량이 늘어나 성대 질환을 유발할 수 있습니다. 반대로 너무 작은 소리를 습관적으로 사용하면 소음 상황에서 큰 소리로 자연스럽게 전환하지 못해 쥐어짜는 목소리가 나오게 됩니다. 이런 분들은 보통 자신의 목소리 크기를 인지하지 못하는 것이 원인인 경우가 많습니다. **4.2. 음성분석 어플리케이션 활용하기**를 통해 목소리 크기를 객관적으로 확인해 보세요.

3.1.3. 목소리가 앞을 향해 뻗어나간다

성직자 A씨(38세, 남)는 올해 장시간 설교하고 찬양을 불러야 하는 일이 많아져서 고민이다. 설교를 할 때 멀리 앉은 사람에게도 잘 들리게 하고 싶은데, 소리를 크게 내면 목이 너무 아프고 스피커 출력을 높이자니 앞 사람이 소리에 불편해한다. 찬양을 할 땐 목만 아프고 소리가 작은 느낌이 든다. 어떻게 목소리를 내야 설교와 찬양 모두 만족할 수 있을까?

우리는 보통 앞을 바라보고 걸으며 앞에 있는 사람과 이야기를 나눕니다. 시선과 걸음이 앞을 향하듯 목소리에도 방향성이 있습니다. 목소리가 앞을 향하여 멀리까지 나가는 소리를 거리감 있는 소리라고 합니다.

거리감은 말 그대로 거리에 대한 감각입니다. 바로 앞에 있는 사람과 대화하다가 길 건너에 있는 사람에게 말한다면, 무의식적으로 거리감 있는 소리를 내게 됩니다. 단순히 목소리를 크게 내는 것과는 다릅니다. 거리감 없이 목소리만 크게 낸다면, 목에 과도한 힘을 주어서 금방 쉬게 될 것입니다. 거리감은 호흡과 발성, 공명 등 발성의 여러 요소들이 종합적으로 균형이 맞을 때 생깁니다. 어느 정도의 거리감을 가지고 소리 내는지에 따라 발성에서 거리감을 느낄 수 있습니다.

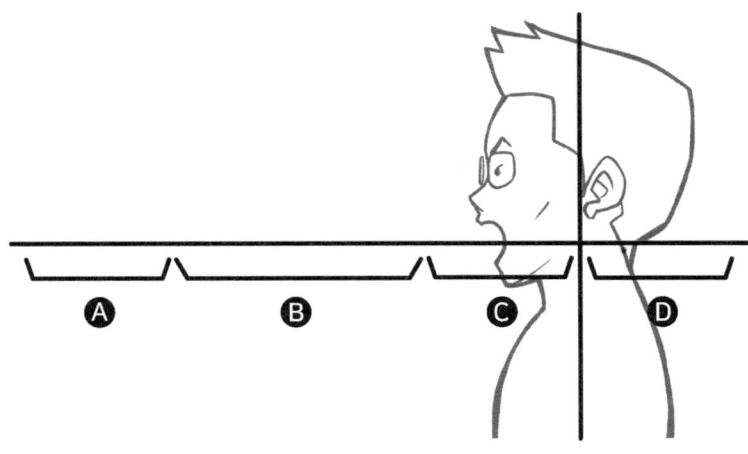

<그림 4> 발성 거리감각도

소리의 거리감은 내 머리를 중심으로 앞뒤에 형성됩니다(그림 4). 앞쪽 구간은 크게 세 가지로 나눌 수 있으며, 각 구간에 따라 소리의 특성과 발성의 질감이 달라집니다. 입 바로 앞인 C구간은 공명이 부족하고 지나치게 밝은 음색이 나타나는 구간입니다. 흔히 백성(白聲, white voice)이라고도 부르며, 이 구간에서는 소리가 입 밖으로 잘 퍼지지 않고, 거리감이 거의 느껴지

지 않습니다. 그보다 조금 앞에 위치한 B구간은 가장 이상적인 거리감 구간입니다. 이 구간에서는 소리의 초점이 명확하고 공명도 잘 이루어지며, 목에 부담 없이 자연스럽고 편안한 발성이 가능합니다. '지점'이 아니라 '구간'이기 때문에, 이 범위 안에서 자유롭게 움직이며 말하거나 노래할 수 있습니다. 하지만 너무 과도하게 소리를 앞으로 밀어내면 A구간으로 넘어가게 되는데, 이 구간은 거리감이 지나치게 강조되면서 오히려 목 주변의 긴장을 유발할 수 있습니다. 결과적으로 소리가 불편하고 억지스러운 느낌이 될 수 있으므로 주의가 필요합니다.

머리를 중심으로 뒤쪽에 위치한 D구간은 소리의 거리감이 후방화된 상태입니다. 이 구간에서는 흔히 '먹는 소리'라고 표현되는, 먹먹하고 둔탁한 음색이 납니다. 이러한 뒤쪽 거리감 구간에서는 사람에 따라 두 가지 반응이 나타날 수 있습니다. 거리감을 만들기 위해 힘을 쓰게 되면 목이 조이거나 소리가 막히게 되고, 반대로 힘을 빼면 소리가 떨리며 불안정해질 수 있습니다. 힘을 빼는 것이 무조건 좋은 발성을 만든다고 생각할 수 있지만, 거리감 없이 힘만 빼는 연습은 오히려 안정적인 소리를 방해할 수 있습니다. 좋은 소리는 거리감과 힘의 균형에서 나옵니다.

이렇게 어느 정도의 거리감을 갖느냐에 따라 전혀 다른 목소리가 나올 수 있습니다. 처음에는 거리감 있는 소리를 내는 것과 큰 소리를 내는 것의 차이를 느끼기 어려울 것입니다. 그럴 경우 호흡을 멀리 보내는 연습부터 시작하세요. **4.3. 반폐성도 기법**을 통해 멀리 나가는 호흡과 발성을 순차적으로 연습할 수 있습니다.

3.1.4. 큰 소리와 높은 음이 편안하다

직장인 C씨(32세, 남)는 노래부르기가 취미이다. 일주일에 한 번씩 노래방을 갈 정도로 노래를 좋아하지만 주변친구들은 C씨를 '2키맨' 이라 부른다. 두 키를 낮추지 않고서는 노래를 부를 수 없기 때문이다. C씨도 원 키로 노래를 부르고 싶지만 고음에서 목에 부담이가 두 키를 낮추지 않으면 완곡을 할 수가 없다.

큰 소리를 내기 어려워하거나 노래 부를 때 고음이 어려워서 고민하는 분들이 많습니다. 그러나 흥분했을 때는 자신도 모르게 큰소리가 나기도 하고, 기뻐 환호할 때는 높은 음정의 목소리가 편하게 나기도 합니다. 노래할 때의 고음은 어려운데 환호할 때 고음은 쉽게 나오는 이유가 무엇일까요? 바로 음 높이에 따른 방향성의 차이로 소리의 위치가 바뀌기 때문입니다. 내 목소리를 자유롭게 사용하기 위해서는 음정이나 강도가 변화할 때 소리의 위치를 유지할 수 있어야 합니다.

음높이에 따른 방향성은 수직적 관점 또는 수평적 관점으로 바라볼 수 있습니다. 음정을 수직적 관점에서 높이며 사용하게 되면 후두의 위치도 함께 상승하여 공명이 부족하고 목이 조이는 소리가 나게 됩니다. 반면 음정을 수평적 관점으로 나아가며 소리 내면 후두 위치와 호흡을 안정되게 유지할 수 있습니다. 나아가는 방향은 마치 트럼본을 연주 하듯이 앞을 향하는게 좋습니다. 해부생리학적으로 음정은 성대의 길이와 긴장도에 의해 결정됩니다. 수평적 관점의 음정 조절은 성대가 적절한 신장과 긴장도를 가지고 소리 낼 수 있도록 합니다. **4.4. 활창**과 **4.5. 스케일 훈련**을 통해 수평적 관점의 방향성을 연습해보세요.

3.1.5. 음질이 선명하고 깨끗하다

주부 B씨(40세, 여)는 허스키한 목소리가 특징이다. 허스키한 목소리가 자신의 매력 포인트라고 여기는 B씨는 목소리에 대해 전혀 신경 쓰지 않았다. 그러나 얼마 전 본인의 목소리를 닮은 첫째 아이가 병원에서 허스키한 목소리로 소아 성대결절 진단을 받게 되자 궁금증이 들었다. '허스키한 목소리는 개성일까? 유전일까? 아니면 질환일까?

허스키한 목소리, 걸걸한 목소리, 바람새는 목소리 등 주변에는 다양한 음질의 목소리가 있습니다. 목소리에 불편함을 느껴 병원을 찾는 분들은 자신의 목소리가 질환 때문인지, 개성으로 봐야 하는지, 혹은 유전적인 영향인지 궁금해합니다. 좋지 않은 음질은 성대 질환에서 비롯되기도 하지만, 성대가 건강해도 나타날 수 있습니다. 이 경우 해부학적, 생리학적으로 성대에는 문제가 없으나, 발성 시 후두의 공간이나 성대 움직임이 비정상적인 경우가 많습니다. 이는 성대를 올바르게 사용하는 방법을 잊어버렸기 때문입니다.

거칠고 바람이 많이 섞인 허스키한 음질을 매력적인 소리라고 생각할 수도 있습니다. 이런 음질은 말하는 사람의 어투, 노래하는 사람의 음색과 합쳐진다면 각자의 개성으로 느껴질 수 있고, 당장 소리 내는 것에는 문제가 되지 않을 수도 있습니다. 그러나 이것은 지속가능성이 떨어지는 목소리이며, 오랜 시간 말하거나 전달력 있는 스피치에 적합한 목소리는 아닙니다.

음향학적으로 소리는 진폭(크기)과 주파수(높낮이)에 의해 정의되며, 진폭과 주파수가 안정적으로 유지되는 음성을 정상음성이라고 합니다. 허스키한 목소리를 음향학적으로 분석하면 변동성이 크고 비주기적인 모습을

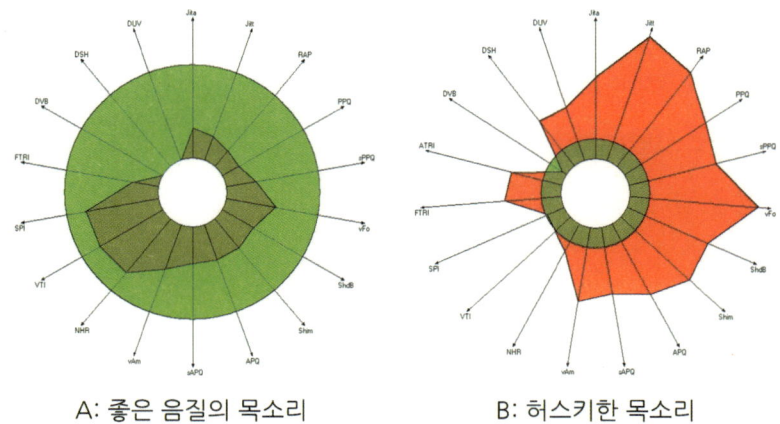

A: 좋은 음질의 목소리　　　　B: 허스키한 목소리

<그림 5> 음질을 평가하는 MDVP 검사 결과

보이는데, 병원에서는 음향학적인 검사를 통해 병리적인 음성을 선별하기도 합니다. 〈그림 5〉의 A는 음질이 깨끗한 목소리의 검사 결과이고, B는 허스키한 목소리의 검사 결과를 보여줍니다.

　음성치료사는 비정상적 음질을 거친 목소리, 바람 새는 목소리, 약한 목소리, 쥐어짜는 목소리 등의 기준으로 평가합니다. 깨끗한 음질의 목소리란 이러한 비정상적 음질이 없는 소리입니다. 덧붙여, 말하는 사람의 성별이나 이미지를 잘 반영하고, 듣는 사람으로 하여금 안정감을 느끼게 할 수 있는 소리라면 좋은 목소리라고 할 수 있습니다. **4.6. 허밍**을 통해 좋은 음질의 목소리를 연습해보세요.

3.2. 숨 쉬는 것을 잊어야 자연스러운 소리가 난다 : 호흡

발성에서 호흡이라고 하면 무엇이 가장 먼저 떠오르시나요? 아마 발성을 조금이라도 고민하신 분들이라면 복식호흡과 흉식호흡을 떠올리시는 분들이 많을 겁니다. 복식호흡은 횡격막과 배를 이용해 숨을 마시는 것이고, 흉식호흡은 가슴 움직임 위주로 숨을 마시는 것입니다. 흔히 좋은 발성을 하려면 숨을 많이 마실 수 있는 복식호흡을 해야한다고 알고 있습니다. 그렇다면 복식호흡은 좋은 호흡이고 흉식호흡은 나쁜 호흡일까요?

발성과 관련된 수업 현장에서는 복식호흡을 굉장히 강조하는 경우를 많이 보게 됩니다. 이렇게 복식호흡을 강조하는 이유는 무엇일까요? 운동으로 비유하면 발성을 마치 팔씨름처럼 힘과 힘의 대결로 보기 때문입니다. 목을 조이는 힘과 소리를 받쳐주는 힘(아포지오)의 대결. 호흡의 힘이 강해지면 발성 능력이 향상되고 고음을 낼 수 있을 것이라고 말합니다. 하지만 발성은 마치 유도처럼 상대방(다른 기관)의 힘을 이용하여 적은 힘으로 효율적인 결과를 이끌어 내야 합니다. 발성에서 성대접촉은 성대 자체의 힘만이 아니라 호흡과 공명을 활용해야 하고, 호흡은 호흡자체의 양 뿐만 아니라 적절한 성대접촉을 통해 효율적으로 사용해야 합니다.

우리 몸은 목적에 따라 다른 운동방식을 사용합니다. 팔 힘이 세다고 칼질을 잘하지 않듯이, 호흡 능력 향상이 무조건적인 발성 능력 향상으로 이어지지는 않습니다. 20세기 최고의 테너 Enrico Caruso의 발성을 연구했던 이비인후과 전문의 P.M. Marafioti는 "가창이 호흡을 개발하는 것이지 호흡이 가창을 개발하는 것이 아니다."라고 했습니다. 이는 호흡이 발성을 위한 하나의 요소이지만, 발성 자체를 통해서 더 효율적으로 발전할 수 있다는 의미입니다.

그럼에도 불구하고 호흡은 발성에서 절대 빼놓을 수 없는 중요한 요소입니다. 호흡이 없으면 발성이 이루어질 수 없기 때문입니다. 이 챕터에서는 호흡의 네 가지 개념인 물리적 호흡, 기술적 호흡, 정신적 호흡, 예술적 호흡에 대해 설명하도록 하겠습니다.

3.2.1. 필요한 양의 호흡으로 말한다

피트니스 강사 D씨(27세, 남)는 수업에서 말할 때 마다 숨이 차는 것이 고민이다. 적은 폐활량이라고 생각한 D씨는 호흡을 보강하기 위해 매일 아침 30분 유산소운동을 시작하였다. 유산소 운동을 하면 정말 말할 때 숨이 차는 것이 해결될까?

물리적 호흡 : 폐로 들이마실 수 있는 절대적인 호흡의 양

폐활량이 크다고 해서 발성이 좋은 것은 아닙니다. 예를 들어 휘파람을 불어보면, 많은 호흡이 오히려 소리를 방해한다는 것을 알 수 있습니다. 발성도 마찬가지로 과도한 호흡은 방해가 되며, 적절한 양만으로도 충분합니다. 특별한 건강 문제가 없다면 발성이 호흡 부족 때문에 어려운 경우는 거의 없습니다.

호흡에서 중요한 것은 총량이 아니라 같은 양을 얼마나 효율적으로 쓰느냐입니다. 마라토너는 달리면서 호흡 조절에는 능숙하지만, 발성 상황에서는 그렇지 않을 수 있습니다. 발성은 호흡뿐 아니라 성대와 공명에도 큰 영향을 받기 때문입니다. 호흡이 부족하게 느껴진다면, 단순히 호흡량이나 배의 힘이 부족해서라기보다는, 발성 요소들 간의 균형이 맞지 않아 호흡이 제한되는 경우가 많습니다. **4.7. C-spot**은 불필요한 긴장으로 호흡을 잘 사용하지 못하는 경우 효과적이며, **4.3. 반폐성도 기법**은 적절한 수준의 힘과 호흡으로 소리내는 법을 연습할 수 있습니다.

3.2.2. 몸 전체를 사용하여 호흡한다

초등학교 교사 C씨(40세, 여)는 수업 후 목이 쉬어서 불편함을 느끼고 있다. 평소 발성에 문제를 느끼는 C씨는 복식호흡을 하라는 주변인들의 추천을 받아 배로 숨을 마시고 내쉬는 데 집중하며 연습을 하고 있다. 그러나 배에 집중해 호흡을 연습하다 보면 오히려 몸을 부자연스럽게 쓰게 되는 느낌이 들어, 이렇게까지 무리하며 복식호흡을 해야 하는지 고민스럽다.

기술적 호흡(방식) : 복식호흡과 흉식호흡

발성에서는 어떤 호흡이 좋을까요? 대부분 복식호흡을 생각할 것입니다. 하지만 복식호흡만으론 완벽한 발성을 만들 수 없다는 사실을 알고 계셨나요? 발성에 중요하다고 말하는 복식호흡은 호흡 할 때 우리 몸이 반응하고 움직이는 방식 중 하나입니다. 또 다른 방식으로는 가슴이 움직이는 흉식호흡이 있습니다.

1. 횡격막이 내려가고 흉곽이 확장되며 폐에 공기가 채워진다.
2. 내려간 횡격막에 의해 장기가 밀려나 복부가 팽창한다.
3. 호흡이 나감에 따라 복부와 흉곽이 원위치로 돌아온다.

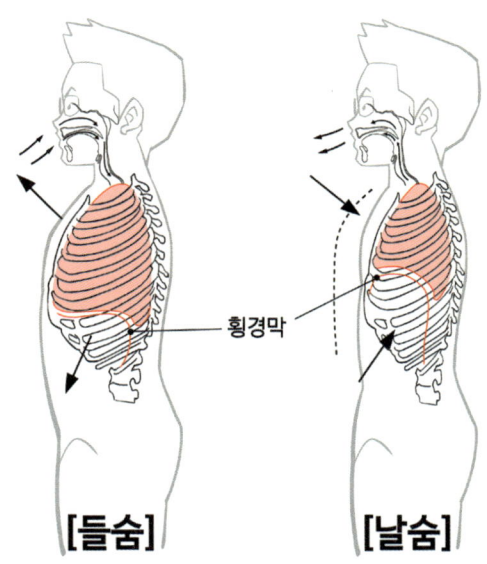

[들숨] **[날숨]**

<그림 6> 들숨과 날숨 시 신체의 움직임

호흡을 마셨을 때는 〈그림 6〉의 들숨과 같이 흉곽이 넓어지고 횡격막이 아래로 내려가게 되면서 폐로 공기가 들어갑니다. 아래로 내려간 횡격막은 뱃속 장기들을 압박해 장기들이 밀려나게 되고, 그 결과 배가 앞으로 나오게 됩니다. 반대로 호흡을 뱉을 때는 〈그림 6〉의 날숨과 같이 횡격막이 올라가고 넓어졌던 흉곽이 제자리로 돌아오며 공기가 빠져나갑니다. 동시에 배도

원위치로 돌아갑니다. 이것이 가슴과 배를 모두 사용하는 안정된 호흡, 즉 흉복식호흡입니다.

일반적으로 복식호흡을 사용하라고 권하지만 모든 발성 상황에서 복식호흡만을 사용해야 하는 것은 아니며, 모두가 성악가의 호흡법을 연습할 필요는 없습니다. 그러나 복식호흡은 발성에 중요한 요소이므로 기본적인 방법은 연습하는 것이 좋습니다. 경우에 따라서 오랫동안 배를 당기거나 조이는 방식의 호흡 연습을 했던 분들 중에는 호흡 패턴이 꼬여 있을 수 있습니다. 이런 경우 배에 과도한 힘을 주어, 호흡지지가 잘 이루어지지 않기 때문에 다양한 불편함을 호소합니다. 이처럼 잘못된 습관으로 호흡패턴이 바뀐 경우에는 **4.8. 호흡 훈련**과 **4.9. 세미수파인** 자세로 이완되고 자연스러운 호흡을 찾을 수 있습니다.

3.2.3. 코와 입을 통해 자유롭게 호흡한다

직장인 B씨(29세, 남)는 말만 하면 입과 목이 마르고 건조해서 힘들다. 평소 다른 사람보다 물을 많이 마시고 가습기도 틀면서 습도를 유지하려고 하지만, 말을 시작하면 금방 다시 건조해진다. 사소한 문제인 것 같아 병원에 가기도 민망해서 오랫동안 고민하고 있다. 대체 왜 이런 걸까?

기술적 호흡(경로) : 비강호흡과 구강호흡

앞서 숨을 쉬는 방식에 대해 이야기했다면, 이번엔 숨을 쉬는 통로에 대해 이야기하겠습니다. 숨이 들어가고 나가는 통로는 코와 입 두 가지가 있습니다(그림 7).

	구강호흡	비강호흡
장점	빠른 흡기가 가능하다	연구개가 이완되어 안정적으로 호흡할 수 있다 습도조절이 이루어진다
단점	구강 점막이 금방 마른다 인후에 긴장이 들어갈 수 있다	흡기가 느리다

<그림 7> 구강호흡과 비강호흡의 장단점

각각의 호흡은 장단점이 있습니다. 그렇다면 우리는 어떤 통로를 통한 호흡으로 말을 해야 할까요? 정답은 상황에 맞게 둘 다 쓰는 것입니다! 빠른 정보전달이 목적인 경우 구강호흡을 이용할 수 있고, 평소의 숨쉬기나 차분한 말하기에서는 비강호흡 위주로 사용할 수 있습니다. 또한 구강호흡과 비강호흡을 합친 구비강호흡은 각 호흡의 장점을 모두 취할 수 있습니다. 구비강호흡이란 양쪽 통로를 모두 열고 숨을 쉬는 것인데, 빠른 흡기와 이완이 균형 있게 이루어집니다. 만약 습관적인 구강호흡으로 입이 자주 마른다면 **4.10. 뮤잉**을 통해 비강호흡을 연습해보고, 익숙해진다면 **4.8. 호흡 훈련**으로 구비강호흡을 연습해보세요. 손으로 비강과 구강의 기류를 느끼면 두 가지 통로를 모두 사용하는데 도움이 됩니다.

3.2.4. 호흡을 의식하지 않고 말한다

아나운서 지망생 C씨(28세, 여)는 올해로 3년째 아나운서를 준비중이다. C씨는 지난 3년 동안 최소 1주일에 한 번 발성 수업을 받을 정도로 발성 연습에 열정적이다. C씨가 요즘 받는 피드백은 목소리는 좋은데 원고를 기계적으로 읽는다는 것이다. C씨는 원고를 읽을 때 안정된 호흡을 위해 복식호흡부터 단계적으로 목소리를 내야 잘 읽을 수 있다 생각한다. 하지만 연습한 것을 토대로 어떻게 원고를 읽어야 할 지 고민이다.

정신적 호흡 : 호흡에 대해 생각하는 방식

앞서 설명했듯이, 호흡의 방법은 복식호흡과 흉식호흡, 호흡의 경로는 구강호흡과 비강호흡이 있습니다. 이런 호흡 방법은 한 가지 방식만 사용하지 말고 상황에 맞게 섞어 사용해야 합니다. 하지만 여러분이 특정 호흡 방식에 어려움이 없다면, 이러한 호흡에 대한 구분은 잊는 것이 좋습니다. '발성은 이런 호흡으로 하는 것이다'라고 규정하는 순간 올바른 호흡을 해야 한다는 생각에 얽매여 자연스러운 호흡이 어려워지기 때문입니다.

이와 비슷한 원리를 다른 분야에서도 찾아볼 수 있습니다. 바둑을 처음 배우는 사람들은 다양한 수싸움의 패턴을 익히기 위해 많은 기보를 외웁니다. 그러나 모든 기보를 완벽히 외운 제자에게 스승은 이렇게 말한다고 합니다. "자, 이제 그동안 배웠던 모든 기보를 잊어라." 이는 틀에 얽매이지 않은 창의적인 한 수를 두기 위해서입니다. 발성에서도 마찬가지입니다. 자연스럽게 호흡해야 자연스럽게 말할 수 있습니다.

우리는 다양한 상황에서 말을 해야 합니다. 급박하거나 격렬한 감정을 표현할 때는 흉식호흡과 구강호흡의 비율이 높아지고, 안정적인 대화상황에서는 비강호흡과 복식호흡의 비율이 높아집니다. 일일이 생각하고 호흡하게 된다면, 다양한 상황에서 호흡 전환이 적절하게 이루어질 수 없습니다. 혹시 놀이터에서 아이들이 웃고 떠는 소리가 울려퍼진다고 느낀 적이 있으신가요? 아이들의 발성이 좋은 이유는 복잡한 생각 없이 숨쉬고, 소리 내고, 말하기 때문입니다. **4.11. 흡기발성**에서 놀라 듯 숨을 마시는 방법으로 자연스럽게 호흡하는 방법을 찾을 수 있습니다.

3.2.5. 호흡에 메시지가 담긴다

배우 지망생 A씨(22세, 남)는 최근 연기 수업에서 연기에 감정이 없다는 말을 들었다. 선생님들은 A씨에게 상황에 맞는 호흡을 섞어가며 연기하라고 하지만 A씨가 아는 호흡이란 복식호흡이 전부이다. 호흡을 섞기 위해 복식호흡을 깊게 하면 선생님들은 그렇게 호흡하면 감정이 섞이지 않는다고 한다. A씨는 자신의 모르는 호흡이 더 있는 것인지, 호흡에 감정을 어떻게 적용해야 하는지 알고 싶다.

예술적 호흡 : 효과적인 메시지 전달을 위한 호흡

차분한 숨, 놀란 숨, 따뜻한 숨, 차가운 숨, 슬픈 호흡, 기쁜 호흡 등의 호흡 용어는 복식호흡, 흉식호흡, 비강호흡, 구강호흡과 같이 호흡 방식으로 설명하기에는 어려운 부분들이 있습니다. 호흡이라는 말의 의미는 호흡량이나 복식호흡, 흉식호흡 같은 의미에 국한되지 않습니다. 예술의 영역에서 호흡은 정말 많은 뜻을 가지고 있습니다.

드라마의 호흡과 영화의 호흡은 다르다
이 노래는 느린 호흡으로 불러야 한다

위에서 말하는 호흡이란 무엇일까요? 첫 번째 문장은 영상의 진행과 표현 방식이 다르다는 의미입니다. 드라마는 라디오에서 시작한 스토리 위주의 영상물이고, 영화는 사진에서 시작한 이미지가 중요한 영상물이기 때문입니다. 두 번째 문장에서 느린 호흡이란, 숨을 느리게 쉬라는 의미보다는 차분하게 부르라는 의미에 가깝습니다. 말에서도 이러한 예술적 호흡의 개념이 있습니다. 말의 내용을 얼마나 임팩트 있게 전달할 수 있을 것인가는 예술적인 호흡에 달려있습니다. 말의 강약, 말의 속도, 말 사이 쉼의 적절한 사용 등이 예술적 호흡의 요소입니다.

스피치에서 예술적 호흡을 잘 사용하기 위해서는 약간의 연기적 요소가 필요합니다. 잘 정리된 내용에 연기적, 예술적 요소를 섞어 말하면 청중들이 빠져드는 스피치를 할 수 있습니다. 스타강사들의 강의를 보신 적이 있나요? 그들의 강의를 보면 연기적 요소를 적절하게 사용하는 것을 볼 수 있습니다. 예술적 호흡을 어떻게 사용하느냐에 따라 그것이 감동을 주는 스피치가 될 것인지, 그렇지 못한 스피치가 될 것인지를 결정합니다. 예술적인 감정 표현이 타고난 것이라고 생각하시는 분이 많지만, 이것 또한 연습을 통해 개발할 수 있습니다. **4.12. 엑센트 기법**과 **4.13. 감정적 호흡 훈련**을 통해 예술적 호흡에 대한 감각을 느껴보세요.

3.3. 올바른 위치에서 명료한 소리가 난다 : 발음

발성이란?

호기(呼氣)에 의해 성대를 진동시켜 음성을 만들어내는 생리현상으로

조음(調音)과 함께 말소리를 만들어낸다.

(출처:두산백과)

노래를 부를 때 분명히 같은 음정인데 어떤 발음에서는 쉽게 불러지고 어떤 발음에서는 노래가 힘들어졌던 경험 있으신가요? 예를 들어, '아'모음은 입을 크게 벌리기 때문에 고음이 더 쉽다는 사람, 반면에 공명감과 압력이 줄어들어서 더 어렵다는 사람 등 같은 발음에서도 서로 다른 의견이 있습니다. 이렇게 느끼는 것이 다른 이유는 사람마다 발음 위치를 다르게 사용하기 때문입니다. 발음은 혀와 입술, 연구개 등 발음기관의 움직임에 의해 달라집니다. 발음의 위치가 잘못되면 성도, 즉 소리가 나오는 길이 변하게 되고 소리의 방향성 또한 바뀌게 됩니다. 결론적으로 발음과 발성은 밀접한 연관이 있습니다.

그러나 보통 발음과 발성을 개념적으로 구분하기 때문에 이 둘의 연관성을 알지 못하는 경우가 많습니다. 하지만 발성의 정의에서 알 수 있듯이, 발성은 좋은 발음과 결합해야만 좋은 발성이 유지될 수 있습니다.

이 챕터에서는 우리말 모음과 자음의 발음 체계, 발음과 발성의 관계, 올바른 발음의 위치는 무엇인지 등에 대해 알아보겠습니다.

3.3.1. 혀가 올바른 위치에 닿는다

고등학생 A양(19세, 여)은 최근 2년간의 치아교정치료를 마무리했다. A씨는 치아 교정을 시작하며 여러가지로 불편한 점이 많았지만, 그 중에서 자기도 모르게 발음이 새는 것이 가장 불편했다. 특히 /ㅅ/ 발음이 혀 짧은 발음 /th/로 바뀌는게 문제였는데, 주변인들은 A씨에게 발음을 알아 듣지 못한 적은 없었다며 신경 쓰지 말라고 한다. 그러나 A씨는 /ㅅ/ 발음을 할 때마다 느껴지는 불편함이 크기 때문에 고칠 수 있는 방법을 고민 중이다.

말의 내용은 이해되지만 발음이 이상하다고 느꼈던 경험이나, 발음 때문에 무슨 말을 하는지 이해하기 어려웠던 경험이 한 번쯤 있을 겁니다. 언어병리학에서는 발음의 정확성을 '조음정확도', 듣는 사람이 잘 알아들었는지 나타낸 것을 '말 명료도'라고 정의합니다. 그래서 조음정확도가 낮더라도 말 명료도는 높을 수 있습니다. 예능프로그램인 무한도전에서 노홍철씨가 /ㅅ/발음을 /th/발음으로 왜곡하는 장면을 기억하시나요? 이 경우 발음의 정확성은 높지 않지만, 우리가 노홍철씨의 말을 이해하지 못하는 것은 아니기 때문에 말의 명료도는 높다고 할 수 있습니다. 〈그림 8〉은 우리말 자음이 발음되는 위치를 그림으로 표현한 것입니다.

  말 명료도가 높다면 의사소통하는 것에는 문제가 없을 것입니다. 그러나 올바른 위치에서 발음되지 못하면 듣는 사람이 어색하다고 느끼게 됩니다. 예를 들어 혀가 말린 것 같이 /ㄹ/, /ㅊ/를 발음하는 경우가 있습니다. 이 경우 /ㄹ/, /ㅊ/를 발음할 때 순간적으로 혀가 뒤로 당겨지면서 소리의 위치도 함께 변하게 됩니다. 지금 일상생활에 큰 문제가 없더라도 좋은 목소리를 만들기 위해서는 정확한 발음의 위치를 찾아야 합니다. **4.14. 조음점 익히기**

연습으로 정확한 위치를 익힐 수 있습니다.

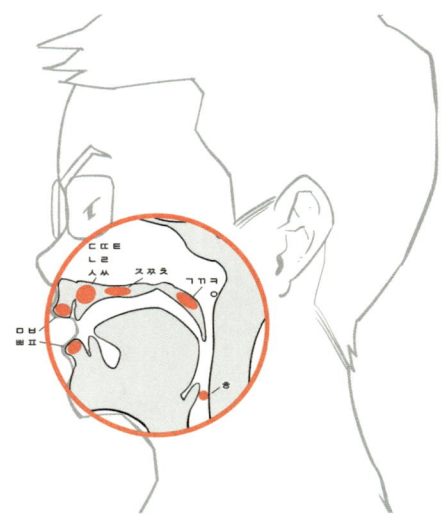

<그림 8> 한국어 자음의 발음 위치

3.3.2. 발음이 명료하게 전달된다

대학생 B씨(22세, 여)는 지난 달 재미있는 경험을 하였다. 난생 처음 치과에 가서 사랑니를 발치 하였는데, 혀까지 마취가 되어서 혀가 안 움직이게 된 것이다. 마취를 대수롭지 않게 생각했던 B씨는 혀가 마취되자 마자 얼얼한 느낌은 둘째 치고 발음이 되지 않아 대화에 큰 불편함을 겪었다. 발음에서 혀는 어떤 역할을 하는 걸까?

우리는 발음할 때 입, 턱, 혀, 연구개(입 안에 위치한 여린 입천장)를 움직여 말을 만듭니다. 그 중에서 혀는 발음에서 매우 중요한 역할을 담당합니다.

혀가 경직되고 긴장되면 자음은 물론 모음도 큰 영향을 받습니다. 모음의 위치는 악기 연주에서의 운지법과 같아서 정확한 지점을 모르면 좋은 목소리를 내기 어렵습니다. 특히 모음은 자음에 비해 위치가 바뀌어도 말의 명료도에 미치는 영향이 적기 때문에 그 문제를 간과하기 쉽습니다. 국제음성기호(IPA)에서는 모음사각도를 이용해 모음의 위치를 표현합니다. 하지만 한국어 발음과의 차이가 있기 때문에 여기서는 간략하게 모음삼각도로 모음의 위치를 표기하였습니다(그림 9).

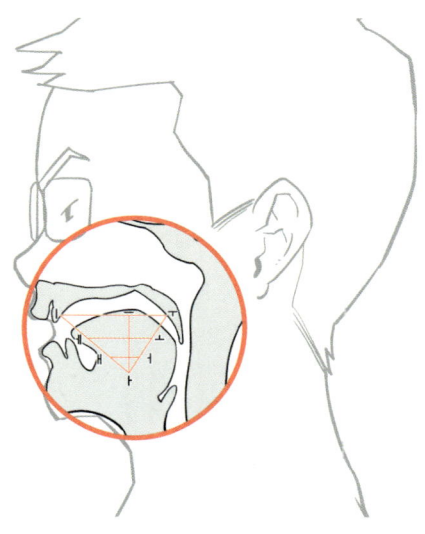

<그림 9> 한국어 모음삼각도

모음삼각도의 세로축은 입이 얼마나 벌어지는지(개구도)를 나타냅니다. 가로축은 혀의 전후 위치를 나타내는데 왼쪽이 앞, 오른쪽이 뒤를 의미합니다. 혀가 긴장하는 경우 보통 혀가 뒤로 당겨집니다. 그 결과 혀뿌리 부

분의 긴장으로 인해 발성이 뒤로 향하게 되고, 앞쪽에서 발음되는 탄설음 /ㄹ/ 발음 또한 방해 받게 됩니다. **4.15. 혀 떨기** 훈련은 혀의 긴장을 뺄 수 있는 훈련입니다. 혀에 불필요한 힘이 빠지면 혀의 움직임이 자연스러워져 편안하게 발음할 수 있습니다.

말소리는 자음과 모음으로 이루어져 있습니다. 대부분의 자음들은 소리가 나는 방식에 따라 파열음, 마찰음 등으로 나뉩니다. /ㅂ/, /ㄷ/ 같은 자음들은 혀가 입천장이나 입안의 특정 위치에 닿았다가 순간적으로 떨어지면서 나는 '짧고 순간적인 소리'입니다. 직접 소리내보시면 이해가 쉽습니다. 입을 다물고 공기를 모았다가 툭 끊어서 'ㅂ' 소리만 내보세요. 이때 '브'처럼 소리내지 말고, 'ㅡ'라는 모음 없이 'ㅂ' 소리만 짧게 내는 겁니다. 같은 방법으로 'ㅋ'도 '크'가 아닌, 짧게 'ㅋ'만 내보세요. 어떠신가요? 자음의 특성이 이해 되시나요?

반면, 모음은 혀와 구강 모양 변화로 인한 공명에 의해 결정됩니다. 우리가 느끼는 발성은 모음의 영향을 크게 받는다는 뜻입니다. 모음이 변화할 때 발성이 뒤로가거나 목을 조이는 등 좋지 않은 발성 패턴으로 바뀌는 경우 음질이 나빠지고 소리의 전달력이 떨어지게 됩니다. 다양한 모음에서 일정한 발성 패턴을 유지할 수 있다면, 말하면서 편안하고 전달력 있는 말하기를 할 수 있습니다. **4.16. 모음 순환 훈련**을 통해 모음이 변화할 때 일정한 발성을 유지하는 훈련을 해보세요. 아울러 어떤 모음과 자음을 조합하는지에 따라 발성이 영향을 받을 수 있습니다. **4.17. 발성 전이 훈련**으로 여러 가지 발음 조합을 패턴화해보세요.

3.3.3. 입술 모양이 자연스럽다

휴학생 C씨(25세, 여)는 현재 대형 카페에서 아르바이트를 하고 있다. 주문 받은 음료를 직접 손님에게 서빙하는 C씨는 마스크에 얼굴이 가려져도 손님들에게 친절하기 위해 항상 미소를 머금으며 말한다. 그러나 미소를 지으며 말하면 정작 손님을 부를 때 톤이 높아지고 목소리가 작아져 손님이 자신의 말을 잘 알아듣지 못하는 것이 고민이다.

중요한 일정 전 긴장되어 굳은 안면 근육을 풀기 위해 입을 상하 좌우로 과도하게 찢는 걸 본 적이 있을 것입니다. 그러나 정확한 발음을 전달하기 위해 말을 하는 도중 입을 과도하게 찢으며 말한다면 발음이 더 나아질까요?

종종 발음 연습을 하기 위해 '이' 발음에서 입꼬리를 좌우로 과하게 찢거나, '아' 발음에서 입을 스트레칭 하듯이 크게 벌리면서 훈련하는 경우가 있습니다. 이것은 입을 정확하게 움직이며 발음을 정확하게 해야만 상대방이 잘 알아들을 수 있을 것이라는 고정관념에서 시작됩니다. 그러나 우리의 고정관념과 달리 '이' 모음은 입꼬리를 당기지 않아도 발음할 수 있고, '아' 모음 역시 입을 과도하게 움직이지 않아도 됩니다. 〈그림 9〉 모음삼각도는 혀의 높낮이(개구도)와 앞뒤 위치는 구분하지만, 입의 좌우 움직임은 표시하지 않습니다. 오히려 이런 불필요한 움직임은 발성에 방해가 될 수 있습니다. 입모양을 결정하는 얼굴근육들의 과도한 긴장이 연쇄적으로 후두 근육들을 긴장하게 만들기 때문입니다. 과장된 발음을 하지 않아도 명료한 발음으로 좋은 목소리를 사용할 수 있습니다. **4.18. 입술 떨기** 연습과 **4.19. 핸즈온**을 통해 입술의 긴장을 없애고 편안하게 발음해보세요.

3.3.4. 턱이 적당한 크기로 열린다

직장인 D씨(27세, 남)는 노래를 부를 때 목에 힘이 들어가는 것이 고민이다. 노래를 잘 부르고 싶지만 한 곡 이 상 부르면 턱이 당겨지고 목이 아파져 더 부를 수가 없다. 그러던 D씨는 최근 친구에게 껌을 충분히 씹은 뒤 노래를 부르면 잘 불러진다는 말을 듣고 껌을 씹고 노래를 불러보려 한다. 껌을 씹으면 정말 노래가 잘 불러질까?

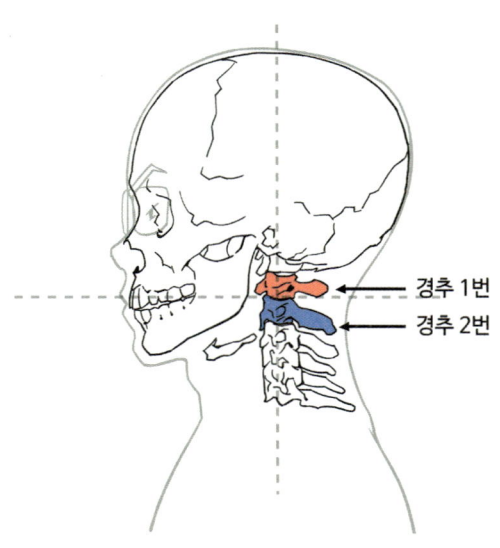

경추 1번
경추 2번

<그림 10> 턱의 중심축

턱은 입 안의 공간을 조절하여 발음을 만드는데 중요한 역할을 합니다. 턱을 적당히 움직이며 발음하는 것과 움직이지 않고 발음하는 것은 큰 차이가 있습니다. 예를 들어, '사랑한다'라는 말을 한다고 했을 때 턱을 움직이지 않고 말할 때에는 '스롱흔드'로 들릴 것입니다. 턱의 움직임이 발음에 어떤

역할을 하기에 이러한 차이를 만들어 낸 것일까요?

모음은 입을 조금만 벌려도 되는 모음이 있는 반면, 입을 충분히 벌려야 좋은 위치에서 발음할 수 있는 모음이 있습니다. 〈그림 9〉 모음삼각도에서 아래쪽에 위치하는 발음일수록 입을 더 벌려줘야 합니다. 입을 벌릴 때는 입만 크게 벌리기 보다는, 어금니가 떨어진다고 생각하고 입의 안쪽 공간을 충분히 만들어 주어야 합니다. 이때 턱 움직임의 중심축을 턱관절로 생각하면 턱이 옆으로 틀어지거나, 턱을 앞으로 내밀게 되는 등 자연스럽지 못한 움직임이 나타날 수 있습니다. 〈그림 10〉을 참고하여 턱의 중심축을 경추 1번과 2번 사이로 생각하고 움직이면 자연스러운 턱의 움직임을 느낄 수 있습니다. 턱의 움직임은 모음뿐만 아니라 구강공명에도 영향을 미치기 때문에 발음과 공명 모두에 중요합니다. **4.20. 저작하기** 기법을 이용하면 자연스러운 턱의 움직임을 느낄 수 있습니다.

3.3.5. 발음의 연음이 자연스럽다

신입 교사 A씨(28세, 여)는 정확한 발음 전달을 위해 매일 신문을 한 글자씩 또박또박 읽는 연습을 한다. 그러나 신문 읽기 연습을 할 땐 정확한 발음으로 읽지만 정작 수업에서는 신문을 또박또박 읽을 때만큼 정확하게 전달이 되지 않는다. 오히려 한 글자씩 발음에 신경 쓰다 보니 수업을 마치면 더 피로 해진다. 정확한 발음 전달을 위해서 또박또박 읽는 연습이 과연 최선일까?

발음연습을 할 때는 문장을 읽는 것이 일반적입니다. 그러나 발음연습에 집중하다 보면 지나치게 발음에 의식한 나머지 쓰여진 글자 그대로 읽는 실수를 하기도 합니다. 다음 단어를 한 번 읽어 보세요.

신라 → 실라   같이 → 가치   밖에 → 바께

　왼쪽은 표기법, 오른쪽은 실제 발음하는 소리입니다. 우리는 말을 할 때 표기법 그대로 발음하지 않고 앞과 뒤에 연결되는 발음의 영향을 받아 발음합니다. 이를 언어학에서는 '연음'이라고 말합니다. 또박또박 정확히 발음을 해야 말을 잘 할 수 있다는 것은 말에 대한 대표적인 오해 중 하나입니다. 또박또박 말하게 되면 발음이 연음되지 않아 흐름이 끊기며, 그로 인해 발성의 연결도 끊기게 됩니다. 마찬가지로 모음 또한 입을 너무 크게 벌리고 강하게 말하면 연음하기 어려워집니다. 그러나 과하게 어눌한 발음으로 말하면 상대방이 이해하기 어렵기 때문에 적절히 발음하는 위치를 찾아야합니다. 그렇다면 모음의 적절한 위치란 무엇일까요?

　〈그림 9〉 모음삼각도에서 모음의 위치는 한 점이 아닌 범위입니다. 발음을 만드는 하나의 조준점이라기 보다는 발음으로 인식되는 범위라는 의미입니다. 예를 들어 우리의 귀에 '아'라고 들리는 두 가지 소리가 있다고 상상해 볼까요? 한 소리는 입을 크게 찢어 또박또박하게 들리는 발음이고, 한 소리는 입을 편안하게 벌려 부드럽게 들리는 발음입니다. 두 소리는 모두 '아'의 범위 안에 속한 소리이지만, 한 소리는 극단적인 위치이고, 한 소리는 중립적인 위치입니다. 극단적인 위치가 아닌 중립적인 위치에서 발음해야 말과 발음을 부드럽게 이어갈 수 있습니다. **4.21. 노랫조로 말하기** 훈련을 통해 연음의 감각을 찾아보세요.

3.4. 공간을 울려야 풍부한 소리가 난다 : 공명

공명은 공간의 울림을 이용해 소리를 증폭시키는 작용입니다. 목욕탕에서 발성이 좋게 느껴지는 이유는 커튼이나 가구와 같은 구조물이 거의 없고, 벽면에 있는 매끄러운 타일이 소리를 잘 반사하는 재질이기 때문입니다. 또 다른 예로는 기타가 있습니다. 통기타는 현에서 만들어진 소리가 기타의 울림통에서 증폭됩니다. 반면 울림통이 없는 전자기타는 스피커 없이 큰 소리를 내지 못합니다. 그저 줄이 튕기며 '띵띵띵'하는 작은 소리만 납니다.

우리 목소리 역시 성대에서 나오는 소리는 정말 작은 소리지만 구강, 비강, 인두강 같은 공명강들이 소리를 증폭시켜 우렁찬 목소리로 변화합니다. 이렇게 우렁찬 목소리를 내기 위해서는 공명강을 넓게 쓰면서 소리를 충분히 공명시켜야 합니다.

흔히 좋은 목소리를 떠올려보라고 하면 울림 있고 깊은 소리를 떠올립니다. 이번에는 좋은 울림을 만들기 위해 필수적인 공명에 대해서 알아보겠습니다.

3.4.1. 목소리가 깊고 울림 있다

대학생 C씨(20세, 남)는 자신의 얇은 목소리가 남성스럽지 못한 목소리라고 생각한다. 그는 유명 바리톤 성악가의 동굴 목소리를 따라해보려 했지만, 오히려 목이 조이는 목소리 같다는 말을 들었다. C씨는 평생 아이 같은 얇은 목소리로 살아야 하는 것은 아닐지 걱정이다.

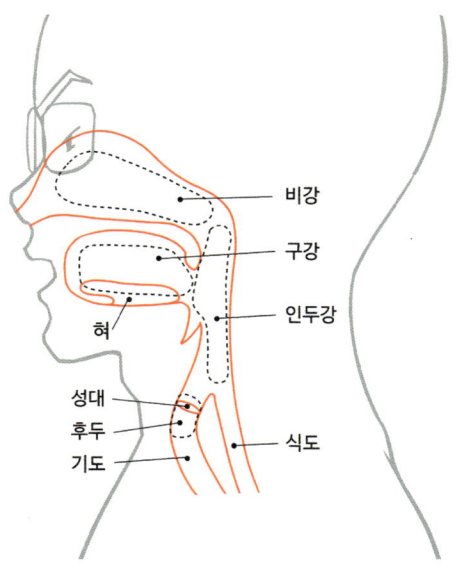

<그림 11> 발성기관과 공명강

사람들은 공명강(그림 11)들을 각기 다르게 사용하여 자신만의 목소리 색깔인 음색을 만들어 냅니다. 이렇게 만들어진 음색은 타인과 구별되는 자신만의 목소리의 무늬, 즉 성문(聲蚊)을 만드는데 결정적인 역할을 하게됩니다.

음색은 우리에게 친숙한 노래와 스피치에서도 활용되는 개념입니다. 대중가수에게는 개성 있는 음색이 매우 중요하기 때문에 자신만의 개성을 표현하기 위해 음색을 가꿉니다. 스피치 분야에서도 말소리의 음색을 쿨톤과 웜톤으로 설명하기도 합니다. 쿨톤은 가득 차있는 선명한 목소리를 사용하여 아나운서 같이 믿음직한 느낌을 주고, 웜톤은 호흡을 조금 더 섞어주면서 따뜻하고 부드러운 감성적인 느낌을 냅니다. 이처럼 음색이라고 하면 목소리의 음질과 음색, 표현법 등을 통합적으로 이미지화하여 생각하는데, 여기서는 말그대로 음성의 색깔을 이야기 하려고 합니다.

목소리의 음색은 대표적으로 밝은 음색과 어두운 음색이 있으며, 같은 음정이라도 음색이 다르면 더 높거나 낮게 느껴지기도 합니다. 이러한 음색은 공명강의 크기에 따라 달라집니다. 관악기를 예로 들면, 트럼펫은 크기가 작고 공명강도 작아 오케스트라의 소리를 뚫고 찌르는 듯한 음색을 내기 때문에 주 멜로디를 연주하는 경우가 많습니다. 반면, 튜바는 성인 남성의 몸통만 한 큰 크기의 악기로 공명강 또한 큽니다. 그로 인해 울림이 좋은 어둡고 무거운 음색을 내기 때문에 전체적인 오케스트라의 소리를 감싸주는 베이스 파트 악기로 사용됩니다.

이처럼 음색은 공명강의 크기와 관련되므로, 음색을 조절할 수 있다는 것은 공명강을 조절할 수 있다는 것입니다. 목소리를 너무 밝은 음색으로 사용하는 것은 높은 후두 위치와 좁은 공명강을 사용한다는 의미입니다. 반면 과도하게 어두운 음색을 사용하면 뒤로 먹히거나 눌려있는 목소리로 느껴집니다. 밝은 음색과 어두운 음색, 높은 소리와 낮은 소리 그 중간, 나에게 최적화된 목소리가 있습니다. 이것을 '옵티멈 피치optimum pitch'라고 합니다. '최적 음도'라고 불리는 옵티멈 피치는 '음도'라는 단어의 인상으로 인해 음정의 높낮이의 의미로만 쓰이기도 합니다. 그러나 포괄적인 발성의 개념에서는 정확한 음정과 충분한 공명으로 나오는 '최적의 목소리'가 정확한 의미의 옵티멈 피치입니다. 적절한 음색 변화로 옵티멈 피치를 찾아야 자신의 목소리 정체성을 찾을 수 있습니다. 만약 음색을 바꾸려고 할 때 의도대로 바뀌지 않는다면 턱을 강하게 다물고 있거나 혀에 과도한 힘을 주는 등 잘못된 습관이 원인일 수 있습니다. **4.22. 원시적 발성**은 우리가 알고 있는 동물들의 발성 특징을 응용하여 인위적 발성에서 나타나는 긴장을 없애고 공명강을 적절하게 사용하는데 도움이 되는 훈련입니다.

3.4.2. 후두가 안정된 위치에 있다

어린이집 교사 B씨(24세, 여)는 아이들과 함께하는 시간이 많다 보니 자연스럽게 목소리 톤이 높아졌다. 모르는 사람과 전화통화를 하면 초등학생으로 오해할 만큼 B씨의 목소리는 아이의 목소리 같다. B씨는 '내 목소리는 왜 아이 같은 톤일까?'라는 생각에 목을 만져보며 후두를 찾아보았다. 그런데 다른 사람들에게는 잘 만져지는 후두가 자신에게는 만져지지 않았다. B씨는 자신의 후두가 왜 만져지지 않는지, 혹시 후두가 정말 아이처럼 작아서 아이 같은 목소리가 나오는 것인지 궁금하다.

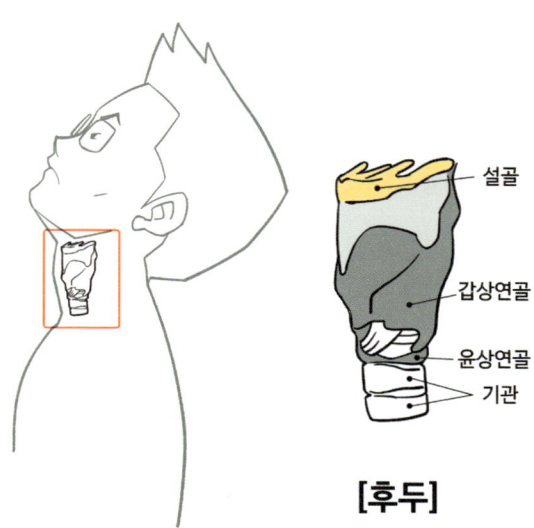

설골

갑상연골

윤상연골

기관

[후두]

<그림 12> 후두의 위치와 후두 구조

턱 아래부터 목 중간을 만져 보세요. 혹시 볼록 튀어나온 부분이 느껴지시나요?

후두(그림 12)는 목 앞쪽에 만져지는 볼록 튀어나온 연골부를 말합니다. 목젖이라고 알고 있는 분들도 많지만 후두가 맞는 표현이며, 목젖은 입을 크게 벌렸을 때 보이는 구개수를 말합니다. 후두는 남성이 조금 더 뚜렷하게 보이며, 여성은 후두를 이루는 연골의 각도가 넓어 눈에 띄지 않을 뿐이지 손으로 만져보면 느낄 수 있습니다.

목소리를 만들어내는 성대는 후두의 안에 있습니다. 힘을 **빼고** 후두가 내려간 상태에서 소리를 내면 소리가 나오는 길이 길어지고, 길어진 만큼 공명강이 넓어집니다. 그러나 간혹 후두 하강이 어렵거나 후두를 과도하게 눌러서 음성을 사용하는 경우가 있습니다. 이는 후두의 높낮이 변화를 느껴본 경험이 없어서 생기는 일이므로 차근차근 연습하면 적절한 후두의 위치 변화를 느낄 수 있습니다. 후두 하강이 원활하지 못하면 음색을 변화시키지 못하고 큰소리를 내는 상황에서 목이 턱 막히게 됩니다. 반면, 후두를 과도하게 눌러 소리 내면 답답하고 막혀 있는 소리가 나오게 됩니다. **4.23. 후두마사지**와 **4.24. 보컬프라이** 훈련을 통해 후두 근육을 이완시키고 자연스러운 후두위치를 찾아보세요.

3.4.3. 알맞은 비강공명을 사용한다

성우지망생 A씨(25세, 남)는 특유의 콧소리로 남자 어린이 배역을 주로 맡고 있다. 그는 성우시험 준비 중, 다양한 연기를 보여주기 위해 성인 남성, 노인 남성 배역까지 변화를 시도해 보았다. 그러나 목소리를 바꾸려 해도 특유의 콧소리때문에 모든 목소리가 어린이처럼 나와 고민이다. A씨는 콧소리 고민을 해결하고자 아예 코를 막고 말해보았지만 코가 막히는 답답한 소리만 날 뿐 콧소리는 전혀 고쳐지지 않았다.

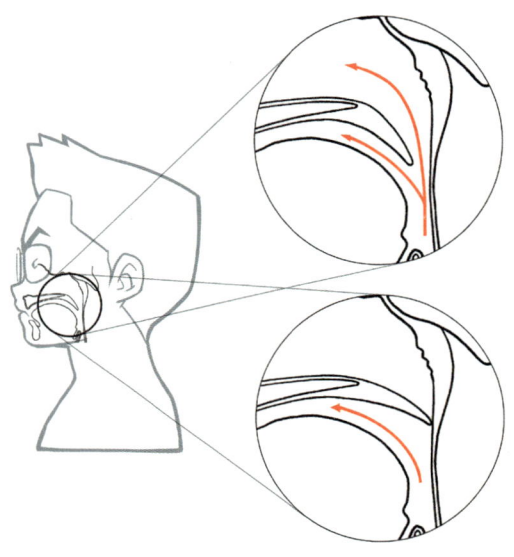

<그림 13> 연인두의 폐쇄와 개방

손가락으로 코를 강하게 막고 /바/ 발음을 해보세요. 편하게 발음되었나요?

이번엔 /마/ 발음을 해보겠습니다. /바/발음처럼 비슷한 느낌으로 발음되었나요? 혹시 코에서 막히는 느낌이 들지는 않으셨나요?

대체 무엇이 이 두 발음의 느낌을 다르게 만들었을까요? 바로 연구개의 움직임(그림 13) 때문입니다.

연구개 상승 : 구강과 비강을 구분하여 자음 발음 시 구강음을 산출하도록 한다.
연구개 하강 : 구강과 비강이 연결되어 자음 발음 시 비강음을 산출하도록 한다.

비자음이란 발음 할 때 비강을 통해서 기류가 나오는 자음으로, 우리말에서는 /ㅁ, ㄴ/와 받침 /ㅇ/이 해당됩니다. 비자음을 발음 할 때 코로 기류가 나가지 않으면 코가 막힌 듯한 소리가 나옵니다. 반면 비자음을 제외한 자음들을 구강음이라고 하는데, 구강음 발음 시 코로 기류가 새면 콧소리가 심한 느낌을 받게 됩니다. 연구개는 구강과 비강의 통로를 열고 닫는 근육으로 비자음과 구강음이 구분되도록 합니다. 연구개가 잘 닫히지 않아 구강음에서 과한 콧소리가 나오는 경우 **4.25. 연인두 근육 운동**을 통해 개선할 수 있습니다.

3.4.4. 안면부 진동을 느끼며 말한다

회사원 B씨(45세, 남)는 최근 밤낮으로 아이에게 책을 읽어주고 있다. 요즘은 아이가 동물에 빠져 동물이 많이 나오는 책을 읽어주는데, 어느 날 아이가 소 울음소리를 함께 따라하더니 '아빠 왜 소(울음소리)는 얼굴이 간지러워?'라고 질문하였다. B씨는 '소는 몸도 크고 울림이 있잖아'라고 대충 답하였지만 왜 소 울음을 흉내 내면 얼굴이 간지러운지 정확한 이유를 대답해 주지 못한 것 같아 내심 마음에 걸린다.

우리는 보통 앞에 있는 사람과 이야기를 나눕니다. 시선과 걸음이 앞을 향하듯 목소리에도 방향성이 있고 앞을 향해야 합니다. 〈그림 14〉에 표현된 발성 지각도(Perception of Phonation)는 성악에서 울림이 느껴지는 지점을 시각적으로 나타낸 것입니다. 독일어로 안자츠^{Ansatz}라고 하기도 합니다. 울림의 위치에 따라 소리를 묘사하자면, 목 뒤에서 울리는 할아버지 같은 목소리(D), 목 아래 가슴에서 울리는 권위적으로 느껴지는 소리(C), 정수리

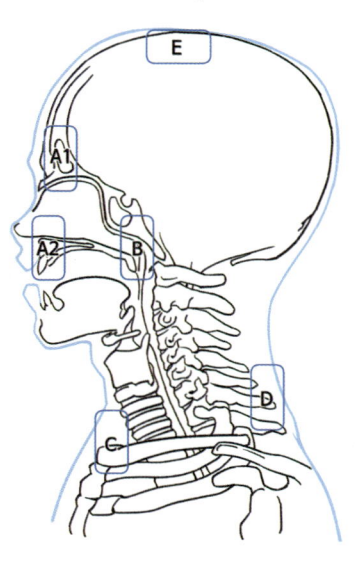

<그림 14> 발성 지각도

부근에서 울리는 두성으로 알려진 고음도의 소리(E), 동굴에서 말하듯 입 안쪽이 울리는 조금은 먹힌 느낌이 드는 소리(B)입니다. 일반적으로 사람들이 생각하는 좋은 목소리는 코를 중심으로 한 안면부가 울리는 소리(A1, A2)입니다. 흔히 마스께라maschera라고 하는 부분이 바로 이 부분이며, 방향성이 앞을 향하기 때문에 전달력이 좋고 목에 부담이 적습니다. 그러나 앞으로 과하게 보내려고 하면 아기 같고 납작한 소리가 나게 되므로 발성의 중심을 잘 찾아야 합니다. 일반적인 대화상황에서는 A의 울림이 기준이 되어야 하지만, 다른 위치의 울림이 나쁜 것은 아닙니다. 노래에서는 감정표현에 따라 다섯 가지 위치의 울림을 다양하게 사용합니다.

〈그림 15〉는 두개골의 비어있는 공간인 부비강을 보여줍니다. 두개골을 가볍게 하고, 공기의 습도를 조절하는 등 다양한 기능을 가진 부비강은 보조적인 공명강 기능도 가지고 있습니다. 안면부의 울림(A1, A2)을 사용하

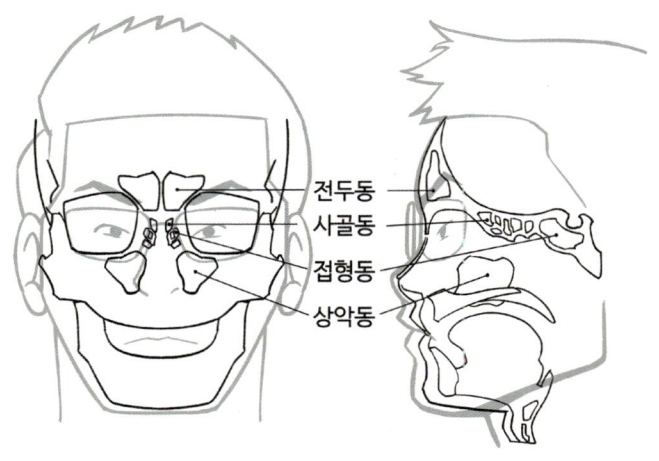

<그림 15> 여러가지 부비강

면 부비강이 울리는 느낌을 받습니다. 부비강이 여러 곳에 위치하고 크기도 다르므로 사람에 따라 진동감의 위치를 조금씩 다르게 설명하기도 합니다. 올바른 소리를 내면 공통적으로 코와 입 주변을 중심으로 안면부의 진동이 있다고 느낍니다. **4.6. 허밍**은 비음을 이용해 공명감을 극대화 하는 훈련으로 안면부 진동을 느끼는데 효과적인 훈련입니다.

3.4.5. 입안과 목구멍이 열려 있다

판매원 C씨(39세, 남)는 요즘 잦은 야근으로 목이 자주 잠긴다. 컨디션에 따라 목소리 변화가 심해서 목을 풀기 위해 유튜브를 보고 연습하지만, 오히려 연습을 안 하고 쉬는 것이 낫다고 느낄 정도로 효과가 없다. 그러던 어느 날 야근을 마치고 피곤 섞인 기지개와 하품을 크게 하였는데, 순간 하품 소리가 사무실을 가득 채울 정도로 잘 나오게 되는 경험을 하였다. C씨는 하품을 하는 순간 목이 뻥 뚫린 느낌을 받는게 매우 새로웠다. C씨가 하품하는 동안 몸에서 어떤 일이 있었던 걸까?

시원시원한 목소리
꽉 막혀서 답답한 목소리

사람들이 목소리를 표현할 때 자주 쓰는 표현입니다. 모두 성대로 소리를 내는데 왜 이런 차이가 생기는 걸까요? 그것은 목을 열고 말할 수 있는지, 없는지에 따라 결정됩니다.

여러분은 목소리를 내는 목의 범위를 어느 정도로 생각하시나요? 보통 쇄골부근에서부터 턱관절 부근까지 생각할 것 같습니다. 해부학적 용어로 목은 인두(그림 16)라고 말할 수 있는데, 흔히 '목구멍'이라고 하면 하인두와 중인두 영역 정도를 생각합니다. 하지만 인두는 중인두 위에 상인두 영역도 존재합니다. 그렇다면 상인두는 어디를 말하는 것일까요? 비인두라고도 하는 이 영역은 비강과 연결되는 부분으로, 외부적으로 보자면 귀가 있는 부분까지 포함합니다. 세 가지 인두 영역은 비록 개념적으로는 구분되어 있지만, 서로가 서로에게 영향을 주기 때문에 하나의 통합체로 보아야 합니다. 목에 힘을 **뺀**다고 생각하면 우리는 겉으로 보이는 목 또는 외부근육에만 신경 쓰는 경우가 많습니다. 하지만 해부생리학적으로 목은 귀가 있는 영역까지 포함되며, 가장 위쪽에 있는 상인두가 이완되어야 연쇄적으로 중인두와 하인두도 이완되기 쉬워집니다. 쉽게 말해 속근육을 풀어야 합니다. 하품을 하면 인두와 목구멍이 열리는 효과가 있는데, 이 원리를 이용한 **4.26. 하품 한숨** 훈련으로 목구멍을 열 수 있습니다. 목에 긴장이 심한 경우

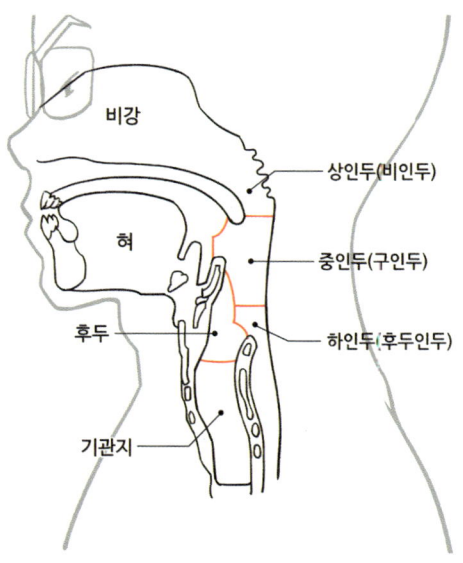

<그림 16> 인두의 구분

4.27. 가성 훈련을 통해 부드러운 성대접촉과 목 전체가 열리는 소리를 연습

할 수 있습니다.

3.5. 바른 몸에서 균형 있는 소리가 난다 : 자세

발성에서 말하는 자세는 몸의 자세뿐만 아니라 목소리가 나오는 길이나 발음기관의 포지션, 표정, 마음가짐까지 포함합니다. 혹시 '발성은 성대를 잘 붙이고 복식호흡을 잘 하면 되는 것 아닌가?'라고 생각하셨나요? 그것도 중요하지만 우리 몸은 통합적이고 전체적인 관점에서 바라봐야 합니다. 잘못된 걸음걸이가 관절과 자세를 틀어지게 하고 틀어진 자세가 통증을 만들듯이, 잘못된 자세는 발성기관의 움직임을 방해하고 결국 발성을 더 어렵게 만듭니다.

잘못된 것을 그만두면 올바른 것은 저절로 이루어진다.

– Frederick Matthias Alexander

자세를 교정하는 방법으로 널리 알려진 알렉산더 테크닉은 자세교정법이라기 보다는 요가와 같은 소마틱스Somatics 훈련의 일종으로, 우리 몸을 올바르게 사용하는 방법을 재학습하는 과정입니다. 우리는 많은 시간을 긴장하며 살고 있고, 신체적인 긴장은 우리가 인식하지 못하는 사이 습관으로 굳어져 있습니다. 알렉산더 테크닉은 이런 잘못된 습관을 고치기 위해 '좋은 행동을 하는 것'보다는 '나쁜 행동을 하지 않는 것'을 추구합니다.

몸의 자세뿐만 아닙니다. 시선, 몸의 무게중심, 표정 등 발성 시 나타나는 여러가지 잘못된 몸의 패턴들을 없애면 소리는 자연히 앞으로 나오게 됩니다. 많은 사람들이 발성 능력을 향상시키기 위해서 어떤 것을 더 배워야 할지 고민합니다. 이번에는 하지 말아야 할 것을 고민해 보는 건 어떨까요? 어린왕자의 작가 생텍쥐페리는 '완벽이라는 것은 더할 것이 없는 상태가 아니라 더 이상 뺄 것이 없는 상태다'라고 하였습니다.

3.5.1. 고개가 바르게 정면을 향한다

사무직 D씨(29세, 여)는 수화기를 어깨에 대고 장시간 통화 하는 업무를 오랜 기간 하였다. 최근 들어 통화할 때 마다 목 통증과 피로가 심해진 D씨는 건강상의 이유로 부서이동을 요청하였고, 통화량이 적은 부서로 이동하게 되었다. 신기하게도 새로운 부서에서의 실제 목소리 사용시간은 이전 부서와 동일했는데, 목 통증과 목 피로감이 크게 느껴지지 않았다. 무엇이 D씨의 목소리를 좋아지게 하였을까?

자세 중 첫 번째로 확인 할 것은 목과 머리의 자세입니다. 목과 머리의 자세는 소리가 나오는 길에 영향을 미칩니다. 고개를 숙이고 턱을 당기는 자세는 후두를 압박하고 눌린 소리가 나게 만들고, 고개를 뒤로 젖힌 자세는 목구멍을 좁혀 소리가 뒤로 향하게 만듭니다. 또한 고개를 한쪽으로 돌린 상태로 목소리를 자주 내게 되면 양쪽 성대의 밸런스가 망가져 음성질환이 생길 수 있습니다. 머리의 위치를 잘 잡기 위해서는 목과 머리의 중심점이 어디인지에 대한 이해가 필요합니다.

두개골은 전두골, 두정골, 측두골, 후두골로 나뉘어져 있는데, 뒤쪽에 위치한 후두골이 경추 1번과 만나 척추와 연결됩니다. 〈그림 17〉과 같이 두개골의 중심점은 두개골의 정중앙이 아니며, 근육의 도움이 없다면 앞으로 기울어지게 됩니다. 그래서 무의식적으로 고개를 약간 뒤로 당기고 있는 경우가 많습니다. 이런 자세는 경추(목뼈)에 부담을 가중시키고 긴장된 발성을

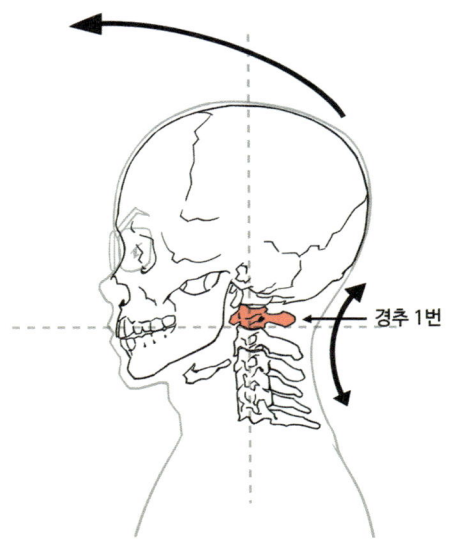

<그림 17> 두개골의 중심점

경추 1번

만듭니다. 〈그림 17〉의 화살표를 참고하여 뒷목이 길어지고 머리가 앞과 위로 향한다고 생각하면, 올바른 목과 머리의 자세를 느낄 수 있습니다.

그러나 완벽한 자세, 완벽한 위치라는 것은 없습니다. 우리는 생활하며 하루에도 수천 번 움직이고, 그 방향에 따라 머리도 자연스럽게 움직여야 합니다. 머리가 앞을 향하지만, 몸의 사용에 맞춰 편안히 움직인다고 생각해보세요. **4.28. 알렉산더 테크닉**을 이용하여 올바른 머리 위치와 유연한 마음가짐을 경험할 수 있습니다.

3.5.2. 신체가 전체적으로 균형 있다

상담원 B씨(33세, 여)는 오랜 좌식 업무로 등이 굽고 거북목이 생겨 목과 등에 통증이 있고 이로 인해 말을 오래하기가 힘들다. 이런 점을 의식하여 B씨는 거북목을 없애기 위해 턱을 당겨 목을 일자로 만들고 등을 펴고 업무에 임하고 있는데, 문제는 자세를 고치면 목소리 내기가 더 힘들다는 것이다. 대체 오래 말해도 편안한 자세는 무엇일까?

목과 머리의 자세가 바르다면 신체의 균형을 살펴봐야 합니다. 현대인들의 자세에서 흔히 볼 수 있는 거북목과 굽은 등, 짝다리, 허리를 늘어뜨려 앉기, 다리 꼬고 앉기 등은 신체 균형을 무너뜨립니다. 이런 자세를 취할 때 몸의 근육들은 자세를 유지하기 위해 긴장한 상태로 있게 됩니다. 특히 호흡근들은 복부나 갈비뼈에 분포하고 있어 자세가 무너지면 영향을 크게 받습니다.

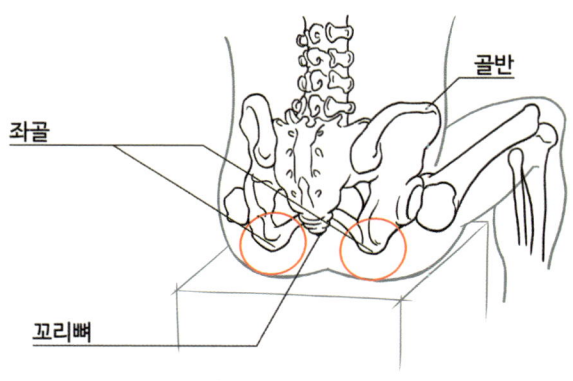

<그림 18> 좌골

앉은 자세에서 좌골로 앉는 것은 매우 중요합니다. 좌골은 골반을 구성하는 세 개의 뼈 중 하나로, 엉덩이 아래쪽에 위치하며 앉을 때 몸을 지탱하는 역할을 합니다. 〈그림 18〉의 빨간색 원이 좌골을 나타내며, 엉덩이로 손

바닥을 깔고 앉았을 때 느껴지는 볼록 튀어나온 뼈입니다. 좌골을 이용해 의자에 앉고, 상체가 뒤 또는 앞으로 기울어지지 않아야 합니다. 선 자세에 서는 짝다리를 짚거나 너무 앞쪽 또는 뒤쪽으로 기울어지지 않도록 합니다. 또한 몸의 무게중심이 뒤쪽에 위치하여 중심이 흐트러지는 경우가 있는데, 이때 머리도 뒤로 당기게 되고 몸의 방향을 따라 소리도 뒤로 가게 됩니다. 너무 꼿꼿이 서서 무릎이 꺾이는 경우(back knee) 하체 전체에 과긴장이 들어가므로 무릎이 꺾이지 않도록 주의합니다. **4.28. 알렉산더 테크닉**을 통해 올바른 자세를 취하면 편안한 호흡과 몸의 중심을 찾는 작업에 도움이 됩니다.

3.5.3. 입과 턱이 여유 있다

취업 준비생 C씨(25세, 여)는 취업 면접을 위해 스피치 연습을 하고 있다. 오랜 기간 치아 교정기를 착용하였던 C씨는 스피치 연습을 할 때 무의식적으로 양쪽 입꼬리에 힘을 주고 있다는 사실을 알게 되었다. 치아 교정 중 입꼬리에 힘을 주었던 습관 때문이었다. C씨는 입꼬리에 힘을 주는 습관 때문에 발음이 꼬이는 경우가 많아져서 어떻게 해결해야 할 지 고민이다.

얼굴의 단점을 가리기 위해서 특정 얼굴 근육에 힘을 주는 분들을 종종 봅니다. 튀어나온 앞니를 가리기 위해 입꼬리에 힘을 주기도 하고, 축 처진 인상을 가리기 위해 억지 미소를 짓기도 합니다. 그러나 이러한 습관들은 좋은 발성을 방해하는 요소가 될 수 있습니다.

평상시 입술은 강하게 다물거나 입꼬리를 당기고 있지 않은 편안한 상태여야 하며, 혀는 힘을 빼고 혀끝이 치경에 위치해야 합니다. 턱 또한 강하게 다물지 않고 어금니 사이에 약간의 여유를 두는 것이 좋습니다. 평소 입과 턱, 혀 등이 긴장하고 있다면, 호흡과 발성이 방해를 받기 때문에 자신의 긴장도를 점검해보아야 합니다. 거울이나 동영상 촬영으로 나의 얼굴을 자세히 관찰해보세요. 항상 힘을 주고 있다면 스스로 그 긴장을 인식하기 어렵습니다. **4.10. 뮤잉**으로 편안한 혀 위치를 찾고, 자신의 감각을 믿기 보다는 **4.29. 시각적 피드백**을 통해 점검해보세요.

3.5.4. 시선이 지향점을 향한다

직장인 D씨(33세, 남)는 올해 대리로 승진하며 주간 회의에서 발표할 일이 많아졌다. 수직적 구조를 가진 직장 특성 상 발표는 대개 무거운 분위기에서 이뤄지는 편이다. 발표에서 긴장을 많이 하는 D씨는 많은 부담감에 자신도 모르게 고개가 아래로 떨어지고 불안한 목소리로 원고를 읽기에 급급하다. D씨의 선임은 D씨를 위로하며 발표가 긴장될 때마다 자신을 보고 말 하라는 조언을 하였는데, 그 이후 D씨는 회의 때마다 선임을 바라보며 발표하였고, 그와 함께 목소리도 안정되었다.

말할 때 시선을 어디에 두어야 할 지 몰라 땅을 보고 말하는 경우가 있습니다. 특히 여러 사람 앞에서 발표할 때 자신감 부족으로 고개를 숙이고 말하거나 대본만 보면서 말하기도 합니다. 이렇게 시선이 아래를 향할 경우 시야와 함께 몸이 위축되어 긴장된 목소리가 나오게 됩니다. 발성을 할 때 시선은 지향점을 가지고 소리 낼 방향을 바라보아야 합니다.

지향점이란 자신이 소리를 내고자 하는 방향을 말합니다. 목소리가 앞으로 뻗어나가기 위해서는 생기 있게 눈을 뜨고 시선이 지향점을 향해야 합니다. 목소리를 크게만 내려고 하는 경우 눈을 질끈 감고 힘을 주면서 소리 내는 분들이 많습니다. 눈을 찡그린다는 것은 몸이 안쪽으로 닫히는 움직임이고, 이때 목 또한 닫히는 방식으로 사용하게 됩니다. 이것은 당장 목소리는 커질 수 있지만 불필요한 긴장을 일으켜 목이 아픈 원인이 됩니다.

눈을 크게 뜨고 먼 곳을 바라보며 소리를 내면 불필요한 힘을 빼지고 큰 소리를 사용하는 데 도움을 줍니다. 발성 훈련을 할 때 시선이 불안하거나 습관적으로 다른 방향을 보는 분들은 **4.29. 시각적 피드백**으로 자신의 눈을 관찰하며 연습해보세요.

3.5.5. 편안한 표정으로 말한다

도매업 종사자 C씨(52세, 여)는 업무 현장에서 직원들이 마음만큼 따라주지 않아 스트레스다. C씨는 일을 시작하면 직원들에게 인상을 찌푸린 채로 말을 많이 하게 되는데, 말을 하면 할수록 목소리는 허스키해지고 목의 피로감이 심해졌다. 그러던 중 C씨는 가족들에게 인상을 펴고 말하라는 피드백을 받게 되었다. 가족들의 조언에 대해 고민한 C씨는 찡그림을 풀려고 노력했는데, 놀랍게도 찡그림을 풀수록 목소리가 잘 나오는 기분이 들었다.

특별한 감정 표현을 하지 않음에도 평상시 목소리를 낼 때 미간을 살짝 찡그리거나, 콧볼을 벌렁이거나, 얼굴 근육이 떨리는 등 미세한 표정변화가 있는 분들이 있습니다. 이러한 작은 습관들이 무서운 이유는 유심히 관찰하지 않는 한 스스로 문제점을 인식하지 못한다는 것입니다. 목소리를 내는 데 불편한 몸의 신호가 느껴진다면 잘못된 방식으로 몸을 사용하고 있는 것입니다. 이러한 신호들을 인식하고 바꾸려 노력한다면 좋은 목소리로 변화할 수 있습니다. **4.29. 시각적 피드백**과 **4.19. 핸즈온**으로 미세한 움직임을 인식하고, **4.30. 인스마일**을 통해 편안한 얼굴 표정으로 목소리를 사용해보세요.

3.6. 안정된 마음에서 건강한 소리가 난다 : 심리

다음 말을 보고 생각나는 목소리를 상상해보세요

(놀라운) '아', (탄식하듯) '아', (슬픈) '아', (깨달은) '아'

네 가지 '아'에서 어떤 목소리가 상상되셨나요?

목소리는 감정과 생각의 영향을 크게 받습니다. 예를 들면, '알았어'라는 말도 웃으며 말할 때와 시무룩하게 말할 때, 인상 쓰며 말할 때의 의미가 전부 다릅니다. '우와~'나 '대박'같은 감탄사도 말하는 사람의 감정에 따라 순수하게 감탄하는 의미일 수 있고 비아냥대는 의미로 사용되기도 합니다. 보통 문맥상 의미를 파악하기도 하지만 어투만으로 어떤 의미인지 느껴지기도 하는데, 이것은 무의식 중에 감정상태에 따라 호흡이나 억양 등을 다르게 쓰기 때문입니다.

발성은 감정뿐만 아니라 목소리에 대한 고정관념, 태도, 거리감각, 자신감, 문제의식 등에 영향을 받습니다. 주변을 살펴보면 매사에 자신감 넘치는 사람은 목소리도 크고 우렁찬 반면, 소극적인 사람은 목소리도 작은 것을 볼 수 있습니다. 그러나 신기하게도 목소리가 작고 발성이 좋지 않다고 생각되던 사람이 놀이공원 귀신의 집에서 갑자기 튀어나온 귀신을 보면 엄청난 발성으로 비명을 지릅니다.

"꺄악~!"

순간적으로 평소 자신의 소극적이던 목소리는 잊어버리고, 멀리 있는 사람에게까지 비명이 들리도록 높고 큰 소리를 낸 것입니다. 이런 극적인 변화는 누구나 크고 강한 소리를 충분히 낼 수 있다는 것을 보여줍니다. 그렇다면 평소에 그렇게 사용하지 못하는 이유는 무엇일까요?

사람에 따라 직접적인 발성 훈련을 하지 않고도 발성에 대한 대화만으로 발성 능력이 향상되기도 합니다. 발성에 대한 생각의 변화가 목소리 사용 패턴을 무의식적으로 바꿔주기 때문입니다. 목소리를 바꾸고 싶다면, 다른 관점에서 생각해 보는 것도 좋은 방법입니다. 마음 먹은 대로 나오는 것이 목소리입니다.

3.6.1. 나는 다양한 목소리를 낼 수 있다

다양한 목소리 변화를 시도하는 사람 vs 목소리 톤을 고수하는 사람
비슷한 발성 능력을 가진 두 사람이 발성 연습을 한다면,
두 사람 중 누구의 발성 능력이 더 빨리 좋아질까?

많은 분들이 발성 연습을 하며 '저는 원래 톤이 높아요.', '저는 예전부터 목소리가 허스키했어요.', '제가 원래 콧소리가 많아요.'라고 말합니다. 과연 그럴까요?

발성 훈련을 하다 보면 자신의 목소리를 원하는 목소리로 정해놓는 경우가 있습니다. 젊은 여성분들은 여성스러운 목소리를 내려 하고, 중년의 남성분들은 중후한 목소리를 고집하기도 합니다. 그러나 발성 훈련은 평소 사용하던 목소리와 다른 방식으로 써야하는 경우가 많습니다. 예를 들어 여성스럽고 예쁜 목소리를 고집해 목소리를 높고 얇게 사용하는 사람에게는, 목소리를 낮고 울림 있게 내도록 안내합니다. 이때 여성스러운 목소리를 내야한다는 고정관념이 있으면, 아무리 좋은 발성 훈련법을 배워도 목소리는 변하기 힘듭니다. 배우는 사람의 마음속에서 자신도 모르게 목소리 변화를 거부하기 때문입니다.

이런 문제는 내가 듣는 나의 목소리와 남이 듣는 내 목소리의 괴리감에서 오는 경우가 많습니다. 자신의 목소리를 녹음해서 들어본 경험이 있으신가요? 많은 분들이 녹음된 자신의 목소리를 어색하게 느끼지만, 사실 녹음된 목소리가 남들이 듣는 여러분의 목소리입니다. 이런 현상은 목소리를 듣는 청각 체계에서 비롯됩니다. 우리의 청각은 공기를 통해서 전달되는 '기도청각'과 뼈를 통해서 전달되는 '골도청각'으로 구분됩니다. 다른 사람들에게 내 목소리는 기도청각으로만 전달되고 나에게는 골도청각과 기도청각이 동시에 전달되기 때문에, 나에게 들리는 내 목소리는 남들이 듣는 것에 비해 더 울림 있고 크게 느껴집니다. 자신의 목소리를 녹음해서 들어보면 평소에 듣던 내 목소리가 아니라는 것을 알 수 있습니다.

발성 훈련을 처음 하시는 분들이 처음부터 좋은 목소리를 만들어 내기는 어렵습니다. 문제를 많이 풀어보고 틀려도 봐야 성적이 오르듯이, 발성도 무리하지 않는 선에서 다양한 소리를 경험해 봐야 좋아질 수 있습니다. 목소리에 대한 고정관념을 내려놓고 좋은 목소리를 찾아보세요.

3.6.2. 나의 목소리는 건강하고 힘 있다

필라테스 강사 B씨(27세, 여)는 수업 때마다 수강생들 사이에서 칭찬으로 긍정적인 메시지를 주는 것으로 알려져 있다. 하지만 많은 수업으로 바뀌어버린 쉰 목소리에 본인도 모르게 '오늘은 목이 2시간 만에 쉬었네', '오늘은 목이 언제 쉴까'라며 자신에게 부정적인 메시지를 주고 있다. B씨에게 수업을

받는 수강생들은 B씨의 격려로 나날이 실력이 좋아지지만 B씨의 쉰 목소리는 좋아질 기미가 보이지 않는다

1979년 하버드대학교 심리학과 교수 Ellen J. Langer는 일명 '시계 거꾸로 돌리기' 실험을 진행합니다. 실험의 규칙은 7~80대 노인들에게 현재가 1959년인 것처럼 말하고 행동하라는 것이었습니다. 노인들은 20년 전의 기사나 TV 프로그램을 보면서 어제와 오늘 일인 것처럼 말했고, 힘들지만 20년 전에 하던 집안일들을 했습니다. 그리고 일주일 후, 놀랍게도 실험에 참가한 모두가 다양한 신체기능이 신체나이 50대 수준으로 향상되었습니다.

60대 이상 고령의 분들은 발성 훈련을 받을 때 종종 이런 말씀을 하십니다. "제가 요새 허리도 안좋고 체력이 많이 떨어졌어요. 나이를 먹으니 말하는 것도, 연습하는 것도 힘드네요." 나이가 들어가면서 호르몬의 변화로 남자는 목소리가 높아지고 여자는 낮아집니다. 또한 근력과 호흡이 약화되며 성대도 탄력이 줄어듭니다. 이런 변화들로 인해 어느정도 목소리가 변할 수 있지만, 내가 힘들고 아프다고 생각하면 정말 힘들고 아파 보이는 목소리를 사용하게 됩니다. 참고로 위와 같은 분들에게 적절한 발성 훈련법과 함께 '20대라고 생각하고 젊고 건강하게 소리내 보세요'라고 하면 많은 분들의 목소리가 긍정적으로 변화하는 모습을 볼 수 있습니다.

또 이런 경우도 있습니다. 발성 훈련을 시작하기도 전에 '선생님, 저는 목디스크가 있고 턱이 아픈데 할 수 있을까요?', '저는 목소리가 원래 허스키한데 괜찮을까요?'라고 걱정부터 합니다. 이 경우 발성 훈련을 하면서도 목소리를 소극적으로 사용하게 되어 다른 사람들 보다 변화가 늦게 찾아오게 됩니다. 시계 거꾸로 돌리기 실험에서의 변화는 '나는 젊어졌고 건강하다'

는 인식의 전환에서 비롯되었습니다. 이것은 노인에게만 해당되지 않습니다. 내 목소리가 건강하고 매력적이라는 인식을 가지면 누구나 멋진 목소리로 말할 수 있습니다.

3.6.3. 나는 목소리를 멀리 전달할 수 있다

전화 상담원 D씨(36세, 여)는 낮은 톤의 거친 목소리지만 상담원 업무를 시작하고 높은 톤의 목소리를 연습하여 친절한 톤을 내도록 노력하였다. 3년 동안 상담을 맡아온 D씨는 친절한 톤의 목소리는 잘 낼 수 있게 되었지만, 조금만 말해도 목소리가 떨리기 때문에 일하는 시간 이외엔 말을 최대한 아끼며 지낸다.

발성에는 거리감이 있습니다. 가까이에 있는 사람에게 말해 보고 길 건너 멀리 있는 사람에게 말해 보면 차이가 느껴질 겁니다. 멀리 있는 사람에게 말할 때는 몸이 살짝 앞쪽으로 움직이고, 힘이 더 들어가며, 호흡을 더 적극적으로 사용합니다. 결과적으로 더 크고 공간감 있는 소리가 나오게 되지요. 마치 우리가 가까이 있는 사람에게 물건을 던질 때와 멀리 있는 사람에게 물건을 던질 때 몸을 다르게 사용하는 것과 같습니다. 거리에 따른 몸의 움직임이 다르듯이, 발성에서도 거리에 따라 신체의 움직임이 달라집니다.

간혹 목소리를 크게 내는 것을 멀리 보내는 것이라고 생각하는 경우가 있습니다. 하지만 소리지른다고 생각하면 몸에 불필요한 긴장이 생기면서 악 지르듯이 소리치는 경우가 많습니다. 소리에 거리감을 주고 멀리 보낸다고 생각해야 더 자연스러운 소리를 만들 수 있습니다. 어떤 마음가짐을 갖느냐에 따라 몸이 작동하는 방식이 변하게 됩니다(그림 19).

원인	결과
소리를 멀리 보내려고 한다	스리가 크게 나온다
소리를 크게 내려고 한다	힘을 강하게 줘서 목이 조인다

<그림 19> 마음가짐에 따른 목소리의 변화

　전화상담을 하시는 분들의 이야기를 들어보면, 옆자리 동료의 통화가 방해되지 않도록 작게 말하면서 고객에게는 내 목소리가 잘 들려야 하니 힘을 주고 전화통화를 하게 된다고 호소합니다. 전화통화의 특성상 소리가 닿는 거리가 짧아 무의식적으로 내뱉는 호흡이 줄게 되고, 목소리를 애써 작게 내려고 하다 보니 점점 불필요한 긴장이 생기게 됩니다. 이 경우 전화통화를 하더라도 앞에 앉아있는 사람과 대화하는 것처럼 약간의 거리감을 가지고 말을 하는 것이 도움이 됩니다.

3.6.4. 나의 목소리는 자신감이 느껴진다

　유치원 교사 B씨(27세, 여)는 수업 때 동물 울음소리나 의성어를 잘 흉내 내야 하지만 성대모사를 잘 할 자신이 없다. 주변 선생님들은 수업 때 늑대소리, 구급차소리, 까마귀 소리 등의 소리를 직접 내어 아이들의 흥미를 끌어내지만, B씨는 부끄러운 마음이 들어 너무 어렵다. 이런 소리를 내려고 할 때마다 가슴이 뛰고 얼굴이 붉어지며 소리가 목 끝에서 막힌 기분이 들기 때문이다.

어쩌면 여러분은 발성 연습을 시작한 후 예상했던 것보다 몸이 따라주지 않아서 큰 어려움을 느낄 수 있습니다. 실패가 계속되다 보면 점점 자신감이 없어지고, 사람들 앞에서 목소리를 낼 때 더욱 소극적으로 소리 내게 됩니다.

발성 훈련에서 자신감은 실패를 두려워하지 않는 용기입니다. '이런 소리를 내보세요'하고 유도했을 때, '아… 어떻게 내요?' 혹은 '부끄러워서 못하겠어요'와 같은 반응은 문제를 해결하는 데 큰 걸림돌이 됩니다. 어색하더라도 일단 자세를 취해야 자세를 고쳐줄 수 있습니다. 목소리가 좋아서 자신 있게 내는 것이 아니라, 자신 있게 내서 목소리가 좋아지는 것입니다.

신체와 감정은 긴밀하게 연결되어 있습니다. 기분이 좋아지면 표정이 밝아지고, 자신 있으면 자신감 있는 몸짓이 나옵니다. 목소리를 변화시키고 싶다면 마음을 먼저 바꿔야 합니다.

3.6.5. 나는 발성 문제를 알고 개선할 수 있다

학원 강사 A씨(36세, 여)와 B씨(35세, 여)는 대학 입시 강사 동료이다. 두 사람은 갑자기 늘어난 수업과 컨설팅 문의에 쉬는 날 없이 일하다가 같은 시기에 성대결절에 걸리게 되었다. 성대결절 해결을 위해 각자 다른 병원을 찾아간 두 사람은 다른 처방을 받았다. A씨는 가까운 병원에서 6개월간 음성 치료를 받았고, B씨는 약물치료만 하게 되었다. 처음에는 약물치료를 받은 B씨의 음성이 조금 개선되는 듯 했으나 이내 무리한 수업이 계속되며 다시 나빠졌다. 반면 A씨는 치료 초반에는 큰 변화가 없었지만 점점 자신의 안좋은 발성습관을 깨닫고 고치며 성대결절이 사라졌다. 현재 A씨는 목소리를 회복하여 더 많은 강의를 확보하게 되었고, B씨는 목소리가 더욱 나빠져 휴직을 고려중이다.

음성치료사는 의사가 의뢰한 음성장애 환자들을 마주합니다. 경험 많은 치료사는 환자와의 첫 대면에서 이 사람이 얼마나 목소리가 좋아질 수 있을지 어느정도 예상할 수 있습니다. 보통 예후가 가장 좋지 않은 경우는 치료사에게 이렇게 말하는 사람입니다. "그냥 의사선생님이 하라고 해서 오긴 왔는데… 이거 효과 있는 거예요?"

발성 훈련의 필요성을 느끼고 훈련에 참여하는 사람들은 그렇지 않은 사람들보다 빠르게 목소리가 좋아집니다. 목소리는 눈에 보이지 않아서 감각적으로 느껴야 하는데, 미세한 감각을 느낀다는 것은 높은 집중력을 요구하므로 훈련에 임하는 마음가짐이 굉장히 중요합니다. 발성 훈련은 운동을 배우는 것과 비슷합니다. 하루아침에 못하던 사람이 잘하게 되지 않고 많은 연습과 고민이 필요한 과정입니다. 자신의 발성 문제를 모르고 변화의 의지가 없는 사람이 발성 훈련을 하는 것은, 부모에게 떠밀려 학원에 온 학생에게 성적이 오르는 것을 기대하는 것만큼 힘듭니다. 발성에 대한 문제점을 알고 있거나, 원인을 모르더라도 알기 위해 찾아오신 분들은 소리를 잘 냈을 때 미세한 변화를 감지할 수 있습니다. 평소라면 좋은 소리를 내도 그냥 지나쳤을 감각들을 숙련된 음성전문가가 지도해준다면 좋은 발성과 감각들에 대한 확신이 생길 것입니다. 확신이 생긴다면 꾸준히 연습할 수 있는 동력이 생기고 그 목소리는 이제 여러분들의 목소리가 될 것 입니다.

4

보이스 리부트 테크닉 30

Voice Reboot Technique 30

지금까지 올바른 발성을 만드는 6가지 주제에 대해서 알아보았습니다. 3장에서 언급했다시피, 하나의 발성 문제가 여러 가지 원인에서 비롯될 수 있습니다. 예를 들어 소리가 앞으로 뻗어나가지 않을 때의 원인은 복부의 과긴장 때문일 수도, 입술의 긴장 때문일 수도, 또는 발성 시 거리감의 부족 때문일 수도 있습니다. 그렇기 때문에 어떤 발성 훈련이 특정 문제에 반드시 효과가 있다고 단정하기는 어렵습니다. 겉으로 보기에 같은 문제처럼 보여도, 사람마다 원인이 다르므로 그 원인을 해결할 수 있는 발성 훈련을 선택해야 합니다.

이 장에서는 발성 문제 해결을 위한 다양한 발성 훈련을 소개합니다. 각각의 발성 훈련은 그 특징에 따라 생리적 발성, 감정적 발성, 음질 개선, 호흡 조절, 공명, 음역 확장, 모니터링의 7가지 범주로 구분했습니다.

생리적 발성	하품, 웃음소리 등 생리적인 발성을 이용한 연습
감정적 발성	놀라거나 미소 짓는 등 감정을 이용해 자연스러운 발성을 유도하는 연습
음질 개선	적절한 성대접촉이나 올바른 발음으로 음질의 개선을 유도하는 연습
호흡 조절	발성 시 안정된 호흡 사용을 유도하는 연습
공명	공명강을 확장시켜 충분한 공명을 유도하는 연습
음역 확장	다양한 음정에서 편안하게 말하기 위한 연습
모니터링	자신의 신체 사용을 인지하기 위한 셀프 모니터링 연습

이 장에서 소개한 훈련 외에도 다양한 발성 훈련이 있지만, 많은 사람들에게 효과적인 훈련을 '3장 리부트 포인트'의 순서에 맞춰 제시했습니다. 이 테크닉들을 연습할 때 가장 중요한 점은 올바른 소리(sound)로 훈련하는 것입니다. 소리를 색에 비유하자면, 스펙트럼처럼 수많은 색감이 존재합니다. 예를 들어 파란색도 코발트 블루, 아쿠아 블루, 스카이 블루 등 다양한 색감이 있듯이, 같은 입술떨기를 하더라도 나오는 소리에 따라 발성 훈련에 적합한 경우와 그렇지 않은 경우가 있습니다. 좋은 발성을 위해서는 올바른 소리를 충분히 듣고 몸에 익히는 과정이 필요합니다.

마지막으로, 타인의 피드백이 없는 발성 연습은 한계에 부딪힐 수 있습니다. 비전문가일 경우 자신의 소리를 정확히 판단하기 어렵기 때문에 잘못된 소리로 연습하는 경우가 많습니다. 만약 많은 연습에도 불구하고 개선이 느껴지지 않는다면, 숙련된 음성 전문가에게 도움을 받는 것을 권장드립니다.

4.1. 버징사운드 Buzzing Sound

버징사운드는 '벌이 윙윙거리는'이라는 뜻으로 공기 반 소리 반의 안정적인 성대진동에서 나오는 소리입니다.[3] 유성치경마찰음인 /z/와 유성양순마찰음인 /β(b)/는 영유럽권에서 많이 사용되는 발음으로, 우리말 말소리에는 없기 때문에 생소하게 느껴질 수 있습니다. 영어 발음이라고 생각하고 연습하면 쉽습니다.

1. 버징사운드 /z/

핸드폰 진동소리처럼 진동이 느껴지는 소리입니다.

　1) 치경마찰음 /ㅅ/ 발음을 할 때처럼 혀를 치경에 둡니다.

　2) 마치 뱀이 지나가는 듯한 바람소리 /s/를 5초 이상 소리냅니다.

　3) /s/를 5초 이상 소리 내며 약 5회 반복합니다.

　4) /s/ 소리와 함께 성대를 진동시켜 /z/를 5초 이상 소리냅니다.

　5) /z/를 5초 이상 소리 내며 약 5회 반복합니다.

2. 버징사운드 /β(b), v/

풀피리 불듯이 양입술이 진동하며 나는 소리입니다. 생소한 분들은 순치음인 /v/ 발음으로 연습해도 좋습니다.

　1) 입술 사이의 작은 틈으로 호흡을 내뱉습니다.

　2) 호흡을 내뱉으며 성대를 진동시켜 /β(b)/를 5초 이상 소리냅니다. 이때 풀피리를 불 때 처럼 양 입술에 미세한 진동이 느껴져야 합니다.

　3) /β(b)/를 5초 이상 소리 내며 약 5회 반복합니다.

생리적 발성　　음질 개선　　호흡 조절

· 성대 진동이 이루어지지 않고 호흡만 배출되거나, 목이 조이는 소리가 나
지 않도록 주의합니다.

· 소리의 방향성에 유의하여 앞을 향하도록 연습합니다.

· 즈― , 브― 와 같이 발음화 되지 않도록 주의합니다.

4.2. 음성분석 어플리케이션 활용하기 Using Voice Analysis Applications

음성분석 어플리케이션은 목소리를 분석하여 시각화 및 수치화를 해주기 때문에 음정이나 볼륨, 박자 등을 인지하는데 도움 받을 수 있습니다.[4] [5] 아래의 어플리케이션은 모두 안드로이드와 IOS에서 사용이 가능한 무료 어플리케이션입니다.

1. Voice tools

Voice tools는 트랜스 젠더 음성치료를 위해 개발된 음성 분석 어플리케이션입니다.

1) 실시간 음정 피드백 : 그래프를 통해 서로 다른 색으로 남성과 여성의 평균 음도 구간을 보기 쉽게 알려줍니다. 평균 음도와 나의 목소리 음정을 실시간으로 비교할 수 있습니다.

2) 음정 청취 : 원하는 음정을 확인 할 수 있습니다. 예를 들어 C3를 누르면 C3 음정을 들을 수 있습니다.

3) 실시간 볼륨 피드백 : 나의 목소리 크기를 실시간으로 확인할 수 있습니다.

4) 문장 녹음 및 분석 : 문장을 녹음하고 녹음된 음성에 대한 음정, 크기 등을 분석할 수 있습니다.

5) 스펙트로그램 분석 : 녹음된 음성을 통해 음질과 발음 등을 3차원적으로 나타내주는 그래프인 스펙트로그램을 분석할 수 있습니다.

2. Metronome: Tempo Lite

박자 감각 훈련을 위해 개발된 메트로놈 어플리케이션입니다. 말 속도의 변화가 필요하거나 규칙적인 타이밍 훈련이 필요한 경우, 리드미컬한 훈련을 하는 경우에 사용할 수 있습니다.

주의사항

모니터링

· 음정, 볼륨, 박자에 대한 감각을 익히는 용도로 사용할 수 있습니다.

· 어플 활용에 대한 자세한 내용은 **7.1 음성분석 어플리케이션에 관하여**를 참고해주세요.

4.3. 반폐성도 기법 semi-occluded vocal tract exercises, SOVTE

반폐성도 기법은 성도를 넓고 길게 만들어 유지시키는 훈련이며, 목을 조이며 말하거나 호흡을 내뱉기 어려운 경우 시행하면 효과적인 연습입니다.[6] 반폐성도 기법은 성도의 입구를 부분적으로 막음으로써 성문하압과 성문상압의 차이를 줄여 성대의 원활한 접촉을 유도합니다.

1. 호흡 배출

1) 주먹을 쥐고 입술 위에 가볍게 붙인 후, 주먹 안으로 바람을 넣듯이 '후~' 하며 5초 이상 붑니다. 볼에 바람이 꽉 차서 풍선처럼 부풀어야 합니다.

2) 검지손가락을 세워서 입술 위에 가볍게 붙인 후, 바람을 5초 이상 붑니다.

   양볼에 바람이 꽉 차서 풍선처럼 부풀어야 하며, 입술에 너무 힘을 주거나 반대로 힘없이 풀리지 않도록 합니다

3) 바람이 앞으로 나가는 것을 느끼면서 5회 반복 연습합니다.

2. 뱃고동 소리(호흡 배출과 함께 성대 진동시키기)

1) 1.의 호흡 배출을 유지하고 성대를 진동시켜 뱃고동 소리를 5초 이상 냅니다. 호흡과 소리의 비율이 공기 반 소리 반으로 동일하게 유지되도록 합니다. 호흡과 소리의 비율 유지가 어려운 경우 호흡 배출을 다시 연습합니다.

2) 바람이 앞으로 나가고 성대가 진동하는 것을 느끼면서 5회 반복 연습합니다.

주의사항

생리적 발성　　음질 개선　　호흡 조절

· 양볼에 압력이 줄어들지 않고 유지되도록 합니다.

· 너무 과도한 압력으로 목이 막히거나 소리가 뒤로 가지 않도록 합니다.

· 너무 빠르게 반복하면 과호흡으로 인해 어지러워질 수 있습니다.

· 어지럽다면 연습을 멈추고 천천히 심호흡하세요.

4.4. 활창 훈련 Gliding

활창 훈련은 12음계뿐만 아니라, 음과 음 사이의 미분음까지 포함해 성대의 모든 접촉 패턴을 활용하는 연습입니다.[7] 음폭이 큰 경우 후두 위치를 유지하기 어렵기 때문에 안정된 후두 위치에서 소리를 유지하기에 좋은 훈련입니다.

- 가벼운 허밍을 활용하여 연습합니다.
- 음정은 수직적 개념이 아닌 수평적 개념으로 이해해야 합니다. 높은 음정을 내려고 할 때 위쪽을 향하지 말고 앞쪽을 향해 소리 냅니다.
- 남자는 도(C3), 여자는 솔(G3)을 기준 음정으로 하여 시작합니다. 기준 음정을 잡기 어려운 경우 **4.2. 음성분석 어플리케이션 활용하기**를 참고하세요.

<그림 20> 상행 활창   <그림 21> 하행 활창   <그림 22> 상행-하행 활창

1) 〈그림 20〉을 참고하여 기준 음정에서 상행하는 활창을 연습합니다. 음질과 음색이 일정하게 유지되도록 '음---(Un---)' 소리를 냅니다.

2) 소리의 위치와 음 높이에 따른 방향성을 앞쪽으로 유지하면서 5회 반복 연습합니다.

3) 〈그림 21〉를 참고하여 남자는 C4, 여자는 G4를 기준으로 하행하는 활창을 연습합니다. 음질과 음색이 일정하게 유지되도록 '음---(Um---)' 소리를 냅니다.

4) 소리의 위치와 음 높이에 따른 방향성을 앞쪽으로 유지하면서 5회 반복 연습합니다.

5) 〈그림 22〉을 참고하여 기준 음정에서 상행-하행으로 연결되는 활창을 시행합니다. 마치 사이렌 같은 소리를 내며, 음질과 음색이 일정하게 유지되도록 '음---(Um---)' 소리를 냅니다.

6) 소리의 위치와 음 높이에 따른 방향성을 앞쪽으로 유지하면서 5회 반복 연습합니다.

주의사항

음질 개선　　**음역 확장**

· 너무 정확한 발음으로 소리 내려고 하는 경우 발성 기관에 불필요한 힘이 들어갈 수 있으니 주의하세요.
· 음정을 한번에 높여 소리내지 않고 일정하게 올라가도록 연습합니다.
· 활창 훈련이 익숙해지면 다양한 모음(아, 에, 이, 오, 우, 으)으로 응용해서 연습하세요.
· 다른 훈련과 함께 사용하며 연습할 수 있습니다.

4.5. 스케일 훈련 Scale

스케일 훈련은 음정을 한 단계씩 소리 내는 연습입니다.[8] 평소 의식하지 못하지만 사람들은 다양한 음높이를 사용하여 말합니다. 여러 음정에서 안정적으로 소리 낼 수 있다면, 다양한 억양에서도 자연스러운 발성이 가능합니다. 스케일 훈련은 다양한 음높이에서 말할 수 있게 하는 훈련입니다.

- 가벼운 허밍을 활용하여 연습합니다.
- 음정은 수직적 개념이 아닌 수평적 개념으로 이해해야 합니다. 높은 음정을 내려고 할 때 위쪽을 향하지 말고 앞쪽을 향해 소리 냅니다.
- 기준 음정을 잡기 어려운 경우 **4.2. 음성분석 어플리케이션 활용하기**를 참고하세요.

<그림 23> 남자 3도   <그림 24> 여자 3도

<그림 25> 남자 5도   <그림 26> 여자 5도

1. 3도 스케일 연습

1) 남자는 〈그림 23〉, 여자는 〈그림 24〉를 참고하여 3도 스케일을 연습합
  니다. 반음씩 올라가며 무리가 되지 않는 음높이까지 진행합니다.

2) 시작했던 음정으로 반음씩 내려옵니다.

2. 5도 스케일 연습

1) 남자는 〈그림 25〉, 여자는 〈그림 26〉를 참고하여 5도 스케일을 연습합
  니다. 반음씩 올라가며 무리가 되지 않는 음높이까지 진행합니다.

2) 시작했던 음정으로 반음씩 내려옵니다.

주의사항

음질 개선 **음역 확장**

- 스케일의 가장 높은 음에서 때리듯이 강한 엑센트로 발성하지 않도록 주
  의합니다.
- 정확한 음폭을 유지하면서 연습합니다.
- 너무 정확한 발음으로 소리 내려고 하는 경우 발성 기관에 불필요한 힘이
  들어갈 수 있으니 주의하세요.
- 스케일 훈련이 익숙해지면 다양한 모음(아, 에, 이, 오, 우, 으)으로 응용해
  서 연습하세요.
- 다른 기법들과 함께 사용하며 연습할 수 있습니다.

4.6. 허밍 Humming

허밍은 입을 가볍게 다물고 비강과 부비동을 울려 안면진동을 활성화하는 연습입니다.[9] 공명감을 느끼기 어려운 경우 안면부의 공명감을 형성하기에 유용한 훈련입니다. 허밍은 반폐성도 훈련의 일종이며, 발음으로 연결하기 쉬운 연습입니다.

- 소의 울음처럼 '음메'하듯 안면진동을 느끼며 소리내보세요. 안면진동보다 목의 진동이 더 크게 느껴진다면 불필요한 긴장이 있는 소리일 수 있습니다.
- 공명이 잘 이루어지는 소리는 '어둡거나 뚱한 소리'로 느껴질 수 있습니다.

1. 단음도 허밍

1) 입을 가볍게 다물고 코 주변과 안면부의 진동이 느껴지는 '음' 소리를 5초 이상 냅니다. 진동감이 잘 느껴지지 않는 경우 콧등에 손을 대고 진동을 느낍니다.
2) 안면부 진동감을 느끼면서 5회 반복합니다.

<그림 27> 완전 4도 허밍

2. 완전 4도 허밍

1) 〈그림 27〉을 참고합니다. 편안한 음정에서 시작하여, '으-흠-'의 흠에서 음정을 4도 간격(도-파)으로 올린 소리를 5초 이상 냅니다. 애국가 첫 소절 '동해물과~'에서 '동해'의 음폭을 기억하시면 쉽게 따라하실 수 있습니다. 음정을 올릴 때 음정이 위로 상승하는 것이 아닌 앞을 향하듯이 소리 냅니다.

2) 안면부 진동감을 느끼면서 5회 반복합니다.

3. 혀 내밀고 허밍

혀 내밀고 허밍은 목이 막혀 답답한 소리가 나는 경우에 유용한 방법입니다.

1) 혀를 '메롱'하듯 충분히 내민 후 혀에 힘을 빼고 입을 가볍게 다뭅니다.

2) 코 주변과 안면부의 진동이 느껴지는 '음'소리를 5초 이상 냅니다.

3) 안면부의 진동감을 느끼면서 5회 반복합니다.

4) 혀를 내밀고 허밍을 하는 상태에서 '미(mi) ×6'를 반복하여 소리냅니다. 연습 시 혀가 점점 뒤로 당겨지거나 '메'로 발음되지 않게 주의합니다.

5) 안면부 진동감을 느끼면서 5회 반복합니다.

주의사항

생리적 발성　**음질 개선**　**공명**

· 턱을 강하게 다물거나 입술에 힘을 주지 않도록 주의합니다.

· 발성 시 소리가 뒤에 위치하지 않고 앞을 향하도록 소리 냅니다.

· 발음에 강세를 주지 않도록 주의합니다.

· 울림이 좋은 실내에 있다면 공간의 울림을 함께 느끼면서 연습합니다.

· 혀 내밀고 허밍을 할 때 거울을 보고 혀 위치와 긴장을 확인하면서 연습합니다.

· 다른 기법들과 함께 응용 연습할 수 있습니다.

4.7. C-spot

세계적인 음성전문의인 Morton Cooper 박사가 소개한 C-spot은 상복부를 리드미컬하게 누르는 방법으로, 과도한 복부 긴장을 없애는 데 유용합니다.[10] 또한 후두의 과긴장이 있는 경우 복부를 누를 때 배출되는 호흡을 통해 자연스러운 성대 접촉을 유도할 수 있습니다.

- C-spot은 갈비뼈 사이 명치 바로 아래 지점을 말합니다.
- 목이나 복부에 힘을 많이 준다면 한숨과 함께 이완된 발성을 연습하세요.
- 소리를 애써 만들려 노력하지 말고 호흡에 의해 자연스럽게 나오는 소리를 느끼면서 연습하세요.

1. 한숨을 이용한 C-spot

1) 만족한 느낌의 풍부한 한숨을 '하~'하며 약 3초간 내쉬어 봅니다. 호흡과 소리의 비율이 공기 반 소리 반으로 동일하게 유지되도록 합니다.
2) 약 3초간 한숨 소리를 내면서 명치 아래 지점을 손끝을 이용해 반복적으로 누릅니다. 복부가 단단하거나 과긴장이 느껴진다면 배가 유연해지도록 힘을 뺍니다.
3) 이완된 복부와 배출되는 호흡을 느끼며 5회 반복 연습합니다.

2. 진성을 이용한 C-spot

1) 입을 가볍게 다물고 부드러운 허밍 소리 '음~'을 약 3초간 냅니다.

2) 약 3초간 허밍을 하며 명치 아래 지점을 손끝을 이용해 반복적으로 누릅니다. 목이 막히거나 소리가 끊기는 등 후두 과긴장이 느껴진다면 가벼운 웃음소리와 함께 연습합니다.

3) 배출되는 호흡과 편안한 발성을 느끼며 5회 반복 연습합니다.

주의사항

생리적 발성　호흡 조절

· 한숨을 이용한 C-spot에서 힘들 때 나는 한숨을 내지 않도록 주의합니다.

· C-spot을 시행할 때 누르는 손의 리듬과 나가는 소리의 리듬이 일치되도록 연습합니다.

· 스스로 상복부를 누르는게 어렵다면 주변인의 도움을 받으세요.

· 너무 얕거나 빠르게 누르면 효과가 떨어지니 리드미컬하게 누르며 울림을 만듭니다.

4.8. 호흡 훈련 Respiration Exercise

호흡훈련은 숨이 너무 얕거나 과호흡을 하는 등 좋지 않은 호흡 습관을 개선하는데 도움이 되는 연습입니다.[11) 12)] 일반적으로 호흡훈련은 발성과 직접적으로 연결되어야 발성능력 개선에 효과적입니다. 이 훈련은 잘못된 호흡패턴을 가진 경우에 기초적인 호흡 방식을 익히기 위한 훈련입니다.

1. 흉복식호흡 훈련

1) 한 손은 가슴 위, 한 손은 배 위에 올려놓습니다.

2) 코로 꽃 향기 마시듯 자연스러운 호흡으로 네 박자 동안 숨을 마십니다. 이때 가슴은 지나치게 들리지 않아야 하며, 복부는 충분히 확장되도록 합니다. 배와 가슴에 올려놓은 손으로 복부와 흉곽을 느낍니다.

3) /s/ 소리를 내며 여덟 박자 동안 천천히 내뱉습니다. 이때 복부는 자연스럽게 들어가며, 흉곽은 안정된 상태를 유지합니다.

4) 복부와 흉곽의 자연스러운 움직임을 느끼며 5회 반복합니다.

2. 구비강호흡 훈련

1) 입으로 숨을 마실 때 구강의 감각을 느껴보세요.

2) 코로 숨을 마실 때 비강의 감각을 느껴보세요.

3) 구강과 비강의 감각을 동시에 느끼며, 1:1 비율로 입과 코를 통해 숨을 마십니다. 이때 호흡이 코와 입을 통해 연결되고 연구개와 목구멍이 이완되는 감각을 느낍니다.

4) 코와 입을 통해 1:1 비율로 숨을 내뱉습니다. 인지가 어려운 경우 손 날

을 인중에 대고 손등(콧바람)과 손바닥(입으로 나오는 바람)의 촉감을 느끼며 연습합니다.

5) 구강과 비강의 감각을 느끼며 5회 반복합니다.

주의사항

생리적 발성   호흡 조절   모니터링

· 너무 많은 양의 호흡을 한번에 마시지 않도록 합니다.

· 빠르게 반복하기 보다는 천천히 자연스럽게 하도록 합니다.

· 과하게 숨을 쉬는 경우 어지러워질 수 있습니다. 그럴 땐 연습을 멈추고 천천히 심호흡하세요.

4.9. 세미수파인 Semi-supine

알렉산더 테크닉에서 '건설적 휴식'으로 소개하는 세미수파인은 신체의 이완이 어렵거나 긴장감을 인식하지 못하는 경우 도움이 되는 연습입니다.[13] 몸 전체를 바닥에 펼치는 수파인 자세와 달리 무릎이 하늘을 향하도록 하는 것이 특징이며, 요통과 근육통이 있는 경우에도 유용한 훈련입니다(그림 28).

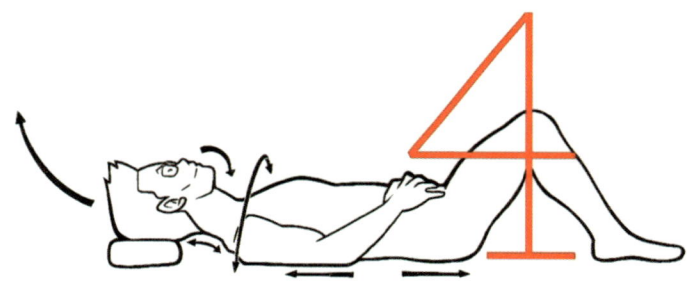

<그림 28> 세미수파인 자세

1) 호흡과 삼킴에 방해되지 않는 정도 높이의 베개를 베고 천장을 바라보며 눕습니다. 베개가 없다면 책과 같은 물건도 괜찮습니다.
2) 다리를 고관절 넓이 정도로 충분히 벌리고 무릎을 굽힙니다. 발바닥이 땅에 붙고 무릎이 하늘을 향한다고 생각합니다.
3) 손바닥이 하늘을 향하게 내려놓습니다.
4) 어깨, 등, 골반을 들었다 났다 하며 편안하게 자리잡을 수 있도록 합니다.
5) 편안해졌다면 양 손을 골반 위에 천천히 올립니다.

6) 지면에 접촉해 있는 몸의 감각을 인식합니다. 5분간 몸에 긴장을 풀고 이완된 감각을 느껴봅니다.

7) 한숨을 쉬듯이 '하~'하고 소리를 내봅니다. 공기 반 소리 반의 비율로 소리 냅니다.

8) 호흡을 뱉은 후 입을 가볍게 다물고 다시 숨을 마십니다.

9) 이완된 목소리를 느끼며 한숨 섞인 발성을 10회 반복합니다.

주의사항

생리적 발성   호흡 조절   모니터링

· 푹신한 베개 보다는 약간 단단한 베개나 책이 좋습니다.

· 허리가 아픈 경우 다리(종아리)를 의자 위에 올려놓아도 됩니다.

· 감각인식과 이완을 위한 훈련입니다. 천천히 몸의 감각에 집중해서 연습하세요.

4.10. 뮤잉 Mewing

뮤잉은 주로 치과에서 턱관절 장애 또는 부정교합을 치료하기 위해 권하는
혀 운동입니다.[14] 평상시 혀 긴장이 심하여 혀가 뒤로 말려 있거나, 코골이
가 심한 경우, 또는 무분별하게 구강호흡을 사용해서 비강호흡을 유도해야
하는 경우에도 유용한 훈련입니다.

1. 뮤잉 운동

1) 입을 가볍게 다물고 혀를 넓게 펼쳐 살짝 올려두듯이 치경과 경구개
   에 붙입니다. 어렵다면 침을 삼킬 때 입천장에 붙는 혀의 위치 또는
   /n(ㄴ)/발음 시 혀가 치경에 붙는 느낌을 생각하면 쉽습니다.
2) 혀를 살짝 빨아들입니다. 빨아들인 흡착력으로 혀가 입천장에서 유지
   되도록 합니다.
3) 천천히 코로 호흡하며 이완된 발성기관들을 느껴봅니다.

2. 발성과 함께하는 뮤잉 운동

1) 뮤잉과 함께 우리말의 종성(받침) /ㄴ/과 같은 오픈허밍 /n/를 5초 이
   상 소리 냅니다.
2) 코로 들어오는 호흡과 이완된 혀를 느끼며 5회 반복 연습합니다.

주의사항

호흡 조절   **모니터링**

- 혀로 입천장을 강하게 밀면 과긴장이 발생할 수 있으니 주의하세요.

- 뮤잉은 직접적인 발성 연습이라기 보다는 혀의 휴식 위치를 체득하는 것입니다.

- 혀의 위치는 고정된 것이 아니기 때문에 강박적으로 유지하지 않도록 합니다.

4.11. 흡기발성 Inhalation Phonation

흡기발성은 숨을 들이마실 때 발성이 이루어지는 것으로, 호기발성에서 나타나는 잘못된 습관을 개선함과 동시에 성대를 접촉시켜 발성 패턴을 초기화 시키는 연습입니다.[15) 16)] 일반적인 말소리에서 사용되는 발성이 아니기 때문에 처음에는 생소할 수 있습니다. 흡기발성은 긴장된 호흡을 하거나 목을 조여서 발성하는 경우 도움이 되는 훈련입니다.

1. 호흡 패턴 초기화를 위한 흡기발성

1) 가볍게 숨을 들이마시며 '허~'하고 소리 낼 수 있는지 확인합니다. "허~(흡기) 진짜~?"할 때와 같이 가볍게 놀라는 것으로 생각하면 쉽습니다.

2) 약 3초간 숨을 들이마시면서 '허~'소리를 냅니다. 목이 점점 막히거나 쥐어짜는 소리가 나온다면 숨을 마실 때 입안 아치 모양의 목젖이 시원해지는 감각에 집중해서 연습합니다.

3) 흡기 발성 후 한숨 소리와 함께 숨을 내뱉습니다.

4) 편안한 흡기와 부드러운 발성을 느끼며 5회 반복 연습합니다.

2. 발성 패턴 초기화를 위한 흡기발성

1) 먼저 가지고 있는 숨을 배출합니다.

2) 입을 가볍게 다물고 코로 숨을 마시며, 약 3초 동안 흡기발성 '흠~'소리를 냅니다.
   음질과 호흡이 일정하게 유지되도록 연습합니다.

3) 흡기발성 후 같은 음정을 유지하고 호기로 '흠~' 소리를 냅니다. 이때 흡기발성과 호기발성이 같은 패턴으로 연결되도록 합니다.

4) 허밍이 숙련되면 다양한 모음(아, 에, 이, 오, 우, 으)으로 응용해서 연습하세요.

주의사항

생리적 발성   감정적 발성   호흡 조절

· 흡기발성 시 상체가 뒤로 가거나, 가슴이 지나치게 들리지 않도록 주의합니다.

· 흡기발성에서 소리가 약하고 3초 정도 지속하기 어렵다면 성대가 잘 붙지 않고 소리가 뒤를 향하는 소리입니다. 소리가 앞을 향하고 또렷한 음질이 되도록 연습합니다.

· 짧은 시간에 빠르게 반복하면 목 안의 점막의 마르거나 어지러워질 수 있습니다. 충분한 수분공급을 하고 어지러워지지 않도록 천천히 연습하세요.

4.12. 엑센트 기법 Accent Method

엑센트 기법은 덴마크의 음성치료사 Svend Smith가 만든 음성치료 기법으로 몸의 타이밍과 충분한 호흡 지지를 통해 발성 능력을 향상시키는 연습입니다.[17) 18)] 재채기와 비슷한 반사적인 호기 배출을 활용하는 훈련으로 발성의 타이밍을 맞추는 데 유용한 훈련입니다.

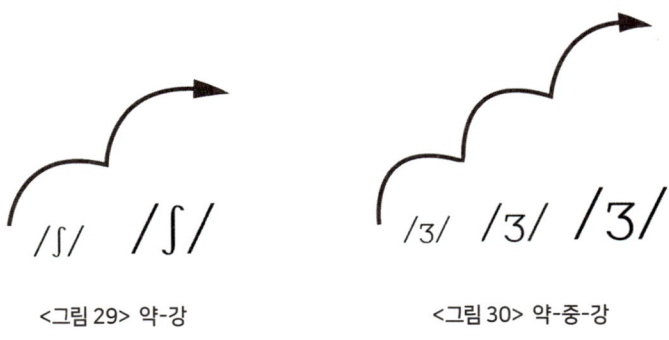

<그림 29> 약-강   <그림 30> 약-중-강

1. 무성음 훈련

1) 무성후치경마찰음 /ʃ/(쉬- 또는 취-) 발음으로 재채기 하듯 호흡을 내뱉습니다.

2) 〈그림 29〉의 리듬에 맞춰 약-강의 차이가 느껴지도록 연습합니다.

3) 〈그림 30〉의 리듬에 맞춰 약-중-강의 차이가 느껴지도록 연습합니다.

4) 배출되는 호흡을 느끼며 〈그림 29〉와 〈그림 30〉의 리듬을 5회 반복 연습합니다.

2. 유성음 훈련

1) 유성후치경마찰음 /ʒ/(쥐-) 발음으로 호흡과 함께 목소리를 냅니다.

2) 〈그림 29〉의 리듬에 맞춰 약-강의 차이가 느껴지도록 연습합니다.

3) 〈그림 30〉의 리듬 맞춰 약-중-강의 차이가 느껴지도록 연습합니다.

4) 배출되는 호흡과 성대가 진동하는 감각을 느끼며 〈그림 29〉과 〈그림 30〉의 리듬을 5회 반복합니다.

주의사항

생리적 발성　　**호흡 조절**

· 무성음 훈련에서 재채기 하듯이 반사적으로 호흡이 나가도록 합니다.

· 유성음 훈련에서 호흡과 소리의 비율이 일정하게 유지되도록 합니다

· 쉬이— 또는 쥐이—와 같이 발음화 되지 않도록 주의합니다.

· 약-중-강으로 연습하고 점점 목이 열리고 호흡 배출 강도가 강해지도록 연습합니다.

4.13. 감정적 호흡 훈련 Emotional Breathing

감정적 호흡 훈련은 표현하고자 하는 감정에 따라 따뜻한 호흡, 차가운 호흡으로 나뉩니다. 따뜻한 호흡은 구강과 목구멍을 넓게 사용하고, 느린 호기 배출로 체온의 영향을 받기 때문에 손을 입에 가져다 대면 실제로 따뜻한 감각을 느낄 수 있습니다. 차가운 호흡은 기류가 빠르게 배출되어 차갑게 느껴집니다. 감정적 호흡 훈련은 자연스러운 감정표현을 연습하기에 유용한 훈련입니다.[12]

1. 따뜻한 호흡 느끼기

안경을 닦기 전 입김을 불 때, 추운 겨울 언 손을 녹일 때, 뜨거운 밥을 입안에 넣었을 때에는 자연스럽게 입안과 목구멍을 크게 확장하여 따뜻한 숨을 내뱉게 됩니다.

1) 입김을 불듯이/언 손을 녹이듯이/뜨거운 음식을 먹듯이 입안을 넓게 확장하여 '호~'하고 숨을 내뱉습니다.

2) 손으로 입에서 나오는 호흡이 따뜻한지 느껴봅니다.

3) 따뜻한 호흡을 느끼며 5회 반복 연습합니다.

4) 따뜻한 호흡을 유지하고 감정을 담아 말해봅니다. "뜨겁다~"

2. 차가운 호흡 느끼기

1) 먼지 불듯이 입으로 빠르게 내뱉습니다.

2) 손으로 입에서 나오는 차가운 호흡을 느껴봅니다.

3) 차가운 호흡을 느끼며 5회 반복합니다.

4) 차가운 호흡을 유지하고 감정을 담아 말해봅니다. "차갑다!"

주의사항

감정적 발성　　**호흡 조절**

· 실제로 뜨겁다고 생각하며, 혹은 차갑다고 생각하며 말하세요.

· 익숙해지면 다양한 단어로 연습합니다.

· 한 단어를 두 가지 호흡으로 말해보세요.

　예) (열정적으로, 뜨거운 호흡 사용하며)알겠습니다

　　　(냉정하게, 차가운 호흡 사용하며)알겠습니다

4.14. 조음점 익히기 연습 Phonetic Placement Method

자음을 발음할 때 혀는 정확한 위치에 닿아야 합니다. 조음점 익히기 연습은 자음마다 혀가 어디에 닿아야 하는지 이해를 돕기 위한 연습으로 언어치료 현장에서는 조음점 지시법이라고 합니다.[19] [20] 조음점 익히기 연습은 특정 자음에서 발음이 부정확한 경우에 도움이 되며, 연음 현상에 주의하여 연습해야 합니다.

- 연음 : 이어지는 발음의 영향을 받아 실제 말하는 발음이 달라지는 현상
  예) 같이 → 가치   발음 → 바름   전화 → 저놔

1. 양순음

양순음은 양쪽 입술이 붙어서 소리 나는 발음으로 /ㅂ, ㅃ, ㅍ, ㅁ/가 있습니다. 입술을 터뜨리듯 내는 소리 "프프프"를 내보면 양쪽 입술이 맞닿는 감각을 연습할 수 있습니다.

2. 치경음

치경은 앞니와 잇몸의 경계부분을 말합니다. 치경음은 혀끝이 치경에 닿아 소리 나는 발음으로 /ㄷ, ㄸ, ㅌ, ㅅ, ㅆ, ㄹ, ㄴ/가 있습니다. 침 뱉듯이 '투투투' 소리를 내보면 혀가 치경에 닿는 감각을 느낄 수 있습니다.

3. 경구개음

경구개는 딱딱한 입천장을 말합니다. 경구개음은 혀가 경구개에 닿아 소리

나는 발음으로 /ㅈ, ㅉ, ㅊ/가 있습니다. 혀 차는 소리 '쯧쯧쯧'을 내보면 혀가 경구개에 닿는 감각을 느낄 수 있습니다.

4. 연구개음

연구개는 경구개 뒤쪽 여린 입천장을 말합니다. 연구개음은 혀 뒷부분이 연구개에 닿는 발음으로 /ㄱ, ㄲ, ㅋ/와 종성(받침) /ㅇ/이 있습니다. '악가악가' 또는 '욱구욱구' 소리를 내보면 혀가 연구개에 닿는 감각을 느낄 수 있습니다.

5. 성문음

성문음은 성대에서 발음되는 소리로, 우리말에는 성문 마찰음인 /ㅎ/가 있습니다. 가벼운 웃음소리 '하하하' 또는 한숨 소리 '하아~' 내보면 /ㅎ/소리를 연습할 수 있습니다.

주의사항

음질 개선

· 연음이 되면서 발음 위치가 자연스럽게 바뀔 수 있습니다.

· 거울을 보며 연습하면 발음의 위치를 더 정확하게 확인할 수 있습니다.

4.15. 혀 떨기 Tongue-trill

치경전동음인 혀 떨기는 혀 긴장 완화를 위한 연습입니다.[21] 배출되는 호흡이 혀를 떨리게 하여 나는 소리로, 마치 따르릉 하는 전화벨 소리 또는 맹수가 으르렁거리는 소리와 비슷합니다. 탄설음인 /ㄹ/가 어렵거나 혀가 말려 발음이 부정확한 경우 유용한 훈련입니다.

1. 혀 떨기

1) 치경파열음인 /ㅌ/소리를 내봅니다.
2) 호흡을 뱉으며 혀를 진동시켜 'trrrrr~' 소리를 5초 이상 냅니다. /ㄹ/를 빠르게 반복하듯이 시도하면 떨리지 않으니, 기류가 빠르게 나가며 떨리도록 연습합니다.
3) 음성(성대진동)과 함께 혀를 진동시켜 'trrrrr~' 소리를 5초 이상 냅니다. 혀의 부분적 긴장은 소리가 뒤쪽에 위치한 둔탁한 소리로 느껴질 수 있습니다. 어려운 경우 '토로ㄹㄹㄹ-', '아르ㄹㄹㄹ-', '오로ㄹㄹㄹ-' 등 다양한 방법으로 시도해봅니다.
4) 혀가 이완되어 호흡에 의해 떨리는 것을 느끼며 5회 반복 연습합니다.

2. 라즈베리(raspberry)

라즈베리는 혀떨기가 어려운 경우 도움이 되는 훈련입니다. 외국 아이들이 친구들을 놀릴 때 많이 내는 소리로 혀와 입술의 긴장이 풀린 상태에서 나는 소리입니다.

1) 혀를 메롱 하듯이 입 밖으로 충분히 내밀고 입술과 혀에 힘을 뺍니다.

2) 호흡을 뱉으며 혀와 입술을 진동시켜 'brrrrr~' 소리를 5초 이상 냅니다. 아랫입술과 혀 또는 윗입술과 혀 두 가지 위치에서 떨릴 수 있습니다.

3) 음성(성대진동)과 함께 혀와 입술을 진동시켜 'brrrrr~' 소리를 냅니다.

4) 입술과 혀가 이완되어 호흡에 의해 떨리는 것을 느끼며 5회 반복 연습합니다.

주의사항

생리적 발성　**음질 개선**

· '트르으—'와 같이 발음화 되지 않도록 합니다.

· 익숙해지면 활창 훈련 또는 스케일 훈련을 활용하여 다양한 음정에서 연습합니다.

4.16. 모음 순환 훈련 Vowel Circulation Exercise

모음사각도는 입의 크기(개구도)와 혀의 위치를 토대로 만들어졌습니다. 모음 순환 훈련은 모음사각도를 기반으로 하여 인접한 모음으로의 변환을 통해 모든 모음에서 발성을 유지하는 훈련입니다.[22] 모음이 바뀔 때 발성이 불안정해지는 경우 또는 훈련한 발성을 말소리에 적용할 때 효과적인 훈련입니다.

1. 허밍에서 모음으로 전환하기

1) 허밍을 하면서 안면부가 울리는 감각을 느낍니다.
2) 안면부가 울리는 감각을 유지한 채로 '이'소리로 전환합니다. 이때 소리가 멈추지 않고 발성이 이어져야 하며, 입모양의 변화 없이 입술만 떨어지면서 발음을 바꿉니다. 입술이 떨어지는 순간에 소리의 변화가 없도록 합니다.
3) 허밍 없이 '이'를 길게 소리내면서 안면부의 울림을 느껴봅니다.

2. 모음 순환 훈련

전설고모음인 '이'에서 시작하여 이중모음을 제외한 한국어의 모든 모음을 순환하는 훈련입니다. 모든 과정에서 음색과 울림이 똑같이 유지되는 것을 목표로 훈련합니다. 순환하는 순서는 다음과 같습니다.

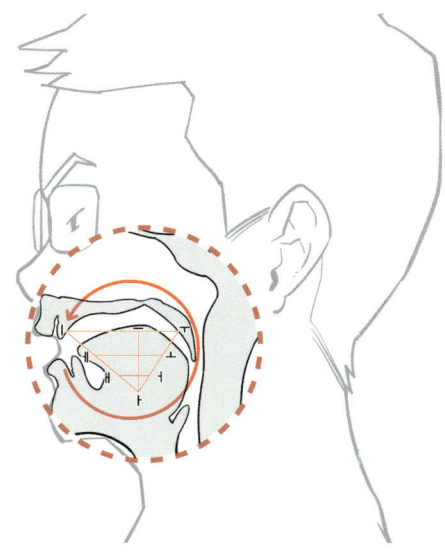

<그림 31> 모음 순환

1) 허밍 없이 '이'를 길게 소리내면서 안면부의 울림을 느껴봅니다.

2) '이-에-아' 순서로 모음을 전환합니다. '이'로 소리를 시작하여 발성을
   유지한 채로 입이 점점 벌어지면서 소리냅니다.

3) '어-오-우' 순서로 모음을 전환합니다. '어'로 소리를 시작하여 발성을
   유지한 채로 입이 점점 작아지며 소리냅니다.

4) '우-으-이' 순서로 모음을 전환합니다. '우'에서 동그랗던 입술이 점점
   풀리며 모음이 바뀝니다. 후설모음에서 전설모음으로 이동하는 순서
   이므로 발음이 바뀔 때 혀가 전방화되는 느낌을 느껴봅니다.

5) '이-에-아-어-오-우-으-이' 순서로 모음 전체를 순환합니다. 한 번의
   발성에 모든 모음을 순환하며, 발성과 울림이 끊기지 않고 하나로 연결
   될 수 있도록 합니다.

음질개선　　공명

- 턱관절의 중심점을 목뼈(경추 2번)라고 생각합니다.

- 모음을 바꿀 때 음색과 공명감이 변하지 않도록 합니다.

- 모든 모음에서 안면부의 울림을 유지하도록 노력합니다.

- 너무 정확한 발음을 하는 것은 공명감을 유지하는데 방해가 됩니다. 그러나 발음을 너무 심하게 망가뜨리면 알아들을 수 없게 됩니다. 적절한 발음의 위치를 찾아보세요.

- 모음은 지점이 아닌 범위입니다. 한 모음의 범위에 포함되는 다양한 모음을 느껴보세요.

4.17. 발성 전이 훈련 Phonation Transfer to CV Context

발성 전이 훈련은 다양한 자음과 모음이 어우러지는 말소리에서도 일정한 발성 패턴을 유지하기 위한 연습입니다.[23] 발성 훈련의 기본단위인 허밍이나 모음은 잘 내지만 말소리에는 큰 변화가 없는 분들에게 효과적입니다. 이 연습을 통해 자음이 결합된 말소리에서 올바른 발성을 유지하는 연습을 해보세요.

1. 자음 변환

1) '발성 연습 자모음표'를 참고하여 '기'에서 시작, 오른쪽 방향으로 진행합니다. 4.4 활창 훈련을 참고한 상행 활창을 적용하여 소리냅니다. '기↗, 니↗, 디↗, 리↗……' 자음을 바꿀 때 공명감이 유지되도록 합니다.
2) '이'에서 어금니(턱)을 가볍게 떨어뜨려 '에'발음을 합니다. 마찬가지로 '게'에서 시작하여 오른쪽 방향으로 진행합니다. '게↗, 네↗, 데↗, 레↗……'
3) 위와 같은 방식으로 각 모음들을 다양한 자음과 조합하여 훈련합니다.

2. 모음 변환

1) '발성 연습 자모음표'를 참고하여 '기'에서 시작, 아래쪽 방향으로 진행합니다. 4.4 활창 훈련을 참고한 상행 활창을 적용하여 소리냅니다. '기↗, 게↗, 가↗, 거↗……'
   모음이 바뀌면 구강의 크기가 바뀌면서 공명감을 유지하기가 더욱 어렵습니다. 공명감을 최대한 유지하도록 합니다.
2) '니'에서 시작하여 오른쪽 방향으로 진행합니다. '기'에서 느꼈던 공명

감이 동일하게 유지되는지 집중합니다. '니↗, 네↗, 나↗, 너↗ ⋯⋯'

3) 위와 같은 방식으로 각 자음들을 다양한 모음과 조합하여 훈련합니다.

＊발성 연습 자모음표

기	니	디	리	미	비	시	이	지	치	키	티	피	히
게	네	데	레	메	베	세	에	제	체	케	테	페	헤
가	나	다	라	마	바	사	아	자	차	카	타	파	하
거	너	더	러	머	버	서	어	저	처	커	터	퍼	허
고	노	도	로	모	보	소	오	조	초	코	토	포	호
구	누	두	루	무	부	수	우	주	추	쿠	투	푸	후
그	느	드	르	므	브	스	으	즈	츠	크	트	프	흐
기	니	디	리	미	비	시	이	지	치	키	티	피	히

주의사항

음질개선　　　공명　　　음역 확장

· 이 훈련을 시행하기 전에 허밍 또는 모음연장발성에서의 발성이 올바른지 확인하세요.

· 모음이 바뀌면서 공명감이나 톤이 바뀌지 않도록 합니다.

· 공명감이나 톤이 바뀌는 발음이 있는 경우, 발음을 천천히 바꾸며 어떤 지점에서 공명감이 변하는지 느껴봅니다.

4.18. 입술 떨기 Lip-trill

양순전동음인 입술 떨기는 입술 근육과 볼 근육 긴장 완화를 위한 연습입니다.[7] 아이들이 투레질할 때 내는 소리처럼, 배출되는 호흡에 의해 입술이 떨리며 나는 소리입니다. 양순음인 /ㅂ, ㅃ, ㅍ, ㅁ/ 발음이 어렵거나 평상시 입술 주위에 힘을 주고 있는 경우 도움이 되는 훈련입니다.

1. 입술 떨기

   1) 입술을 가볍게 다물고 양 손으로 볼을 살짝 누른 후, 호흡을 뱉으며 5초 이상 입술을 떨어봅니다.

   2) 음성(성대진동)과 함께 입술 떨기 소리를 5초 이상 냅니다.

   3) 이완된 입술이 호흡에 의해 떨리는 것을 느끼며 5회 반복 연습합니다.

2. 과긴장으로 입술 떨기가 안되는 경우

입술 과긴장으로 입술 떨기가 어려운 경우 도움이 되는 연습입니다.

   1) 입술을 입 안으로 말아 치아로 양쪽 입술을 가볍게 뭅니다.

   2) 순간적으로 볼에 바람을 가득 채운 후 밖으로 터트리듯이 /ㅍ/소리를 냅니다. 터져나올 때 입술과 볼이 파도처럼 출렁이는 것을 느낍니다.

   3) 터트리듯 시작해서 입술 떨기로 연결하여 연습합니다.

3. 입술에 적절한 힘을 주지 못해 입술 떨기가 안되는 경우

입술에 힘이 부족한 경우 호흡이 새어나가며 입술이 떨리지 않습니다. 적절한 힘으로 입술을 조절할 수 있어야 합니다.

1) 입술을 괄약근처럼 조여서 입술 가운데에 작은 구멍을 만들어 방귀 소리를 내듯이 소리 냅니다. 마치 트럼펫을 연주할 때 입술로 내는 소리와 비슷합니다.

2) 입술의 적절한 힘을 느끼며 입술 떨기 소리를 내봅니다.

주의사항

생리적 발성　**음질 개선**

- '프으—'와 같이 모음을 길게 늘이지 않도록 합니다.
- 익숙해지면 활창 훈련 또는 스케일 훈련을 활용하여 다양한 음정에서 연습합니다.

4.19. 핸즈온 Hands-on

발성 시 무의식적으로 신체의 불필요한 움직임이 나타날 수 있습니다. 핸즈온은 무의식적 습관을 자제하기 어려울 때 직접적인 손의 도움으로 발성 시 움직임을 모니터링하고 잘못된 습관이 나타나지 않도록 돕는 방법입니다.[24] 해당 지점에 손을 가볍게 대고 불필요하거나 과도한 움직임을 바로 잡는 훈련입니다.

1. 입술 움직임 바로 잡기

입은 해부생리학적 구조상 수직적으로 움직이도록 만들어졌습니다. 이 연습은 '이', '에', '아' 발음에서 입을 과도하게 좌우로 벌리는 습관을 없애기 위한 방법입니다.

   1) 양쪽 검지손가락을 11자로 세우고 양쪽 입꼬리에서 약 1cm의 간격을 두고 붙입니다.
   2) 모음 '이', '에', '아'를 발음 해봅니다.
   3) 만약 손가락에 입꼬리의 과도한 움직임이 느껴진다면 입꼬리에 힘을 빼고 연습합니다.
   4) 이완된 입꼬리를 느끼며 '이', '에', '아'가 들어간 단어들을 말해봅니다.

2. 턱 움직임 바로 잡기(뭉크의 절규)

턱을 자연스럽게 떨어뜨리듯 열고 유지하기 위한 연습입니다. 노르웨이의 화가 Edvard Munch의 그림 '절규'를 생각하면 쉽습니다.

   1) 손으로 볼과 턱을 쓸어내리며 하품 '하아~' 소리를 냅니다.

손을 떼지 않고, 턱이 다시 닫히지 않도록 합니다.

2) 턱을 떨어뜨리고 구강과 목구멍이 확장되는 것을 느끼며 하품을 5회 반복 연습합니다.

3) 한숨과 함께 이중모음 '야'를 반복하며 '하야야야야~'하고 소리 냅니다. '야'는 턱과 혀가 수직적으로 움직이며 발음되는 모음입니다. 턱의 자연스러운 움직임을 느끼며 연습합니다.

주의사항

모니터링

· 자신이 인지하지 못하는 몸의 움직임을 확인하며 연습합니다.

· 강한 힘으로 신체 부위를 제한하지 않도록 주의합니다.

· 다른 기법들과 함께 응용 연습할 수 있습니다.

4.20. 저작하기 Chewing Approach

'저작'이란 음식을 씹는 행위를 말합니다. 저작하기는 발성 시 자연스러운 구강개방을 유도하기 위해 음식을 씹는 생리적 움직임을 이용하는 연습입니다.[25] [26] 턱과 혀의 과긴장으로 인해 경직이 느껴지거나 턱이 부자연스럽게 움직이는 경우 효과적인 훈련입니다.

1. 저작하기

1) 맛있는 음식을 씹는다고 상상하며 턱을 천천히 움직입니다. 이를 부딪히거나 강하게 씹으면 턱에 긴장이 들어갈 수 있으니, 씹었을 때 치아를 악물지 않도록 합니다.

2) 맛있는 음식을 씹듯이 턱을 움직이며 코로 기류가 나가는 허밍 '흠~' 소리를 냅니다.

3) 음미하듯이 턱을 움직이며 허밍 후에 '음~ 맛있다~(혹은 짧은 단어)' 하고 말해봅니다.

4) 자연스러운 턱의 움직임을 느끼며 편안하게 '안녕하세요~'하고 말해봅니다.

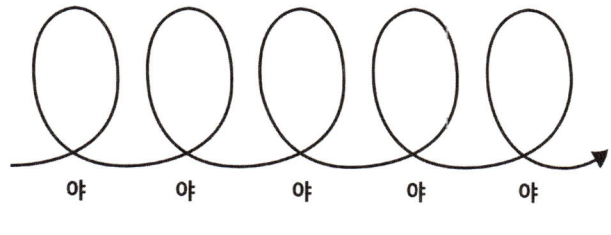

야　　야　　야　　야　　야

<그림 32> 이중모음 훈련

2. 이중모음 훈련

이중모음은 두 가지 모음이 연결된 모음입니다. '이'와 '아'가 결합한 '야' 모음을 통해 턱과 혀가 자연스럽게 움직이는 연습을 할 수 있습니다.

1) 〈그림 32〉를 참고하여 '야'를 연결하듯이 반복하여 '야야야야~' 소리를 냅니다.

'이야이야이야'처럼 두 가지 발음을 정확히 발음하지 않도록 합니다.

'이'는 짧게 발음하고, '야'는 입을 열며 엑센트 주듯 리드미컬하게 발음합니다.

2) 턱과 혀의 자연스럽고 리드미컬한 움직임을 느끼며 5회 반복 연습합니다.

주의사항

생리적 발성　감정적 발성　공명

- 어금니에 힘을 빼고 치아가 강하게 부딪히지 않도록 합니다.
- 이중모음 훈련 시 발음의 타점과 타이밍을 일정하게 유지하며 연습합니다.
- 턱관절 문제가 있는 분들은 **3.3.4. 턱이 적당한 크기로 열린다**의 설명을 참고하여 연습하세요.

4.21. 노랫조로 말하기 Chanting

노랫조로 말하기는 성당에서 찬팅하듯이(성가부르듯이) 또는 성악에서의 '레가토'처럼 말하는 것입니다. 찬팅은 단조로운 곡조로 부드럽게 부르는 것이 특징인데, 안정된 성대접촉을 발음으로 연결하기에 유용합니다.[26][27] 노랫조로 말하기는 너무 정확한 발음으로 말하는 경우에도 도움이 되는 훈련입니다.

- 허밍(으-흠-)으로 시작하여 점차 다양한 발음으로 확장합니다.
- 글자와 글자 간에 강세를 없애고 모음은 길게, 자음은 짧게 발음합니다.
- 노래 부르듯이 약간 높은 음도에서 말합니다.

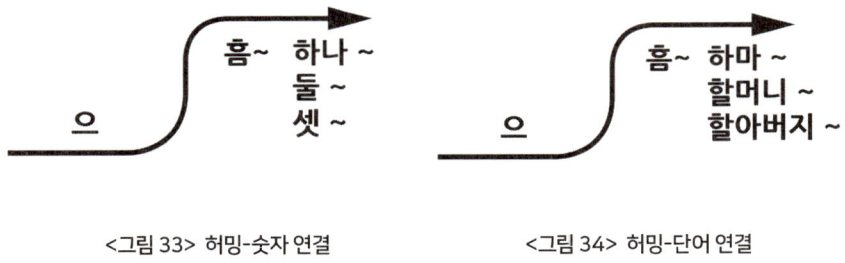

<그림 33> 허밍-숫자 연결　　　　<그림 34> 허밍-단어 연결

1) 편안한 음정에서 시작하여, '으-흠-'의 흠에서 음정을 4도 간격(도-파)으로 올리며 5초 이상 소리 냅니다. 애국가 첫 소절 '동해물과~'에서 '동해'의 음폭을 기억하시면 쉽게 따라하실 수 있습니다. 음정을 올릴 때 음정이 위로 상승하는 것이 아닌 앞을 향하듯이 소리 냅니다.

2) '으-흠-'이후에 숫자 세기를 합니다. 숫자를 셀 때 '흠-'에서의 음정을

유지합니다(그림 33).

"으-흠-하나-" "으-흠-둘-" "으-흠-셋-"

3) '으-흠-'이후에 단어를 연결하여 발음합니다. 단어를 말할 때 '흠-'에서의 음정을 유지합니다(그림 34). "으-흠-하마-" "으-흠-할머니-" "으-흠-할아버지-"

4) 짧은 문장을 노랫조로 말해봅니다. "으-흠-안녕하세요-, 으-흠-반갑습니다-"

5) 노랫조로 대화해봅니다.

주의사항

공명   음질 개선   음역 확장

· 음정이 상승할 때 엑센트 주듯이 강한 소리가 나지 않도록 주의해서 연습합니다.

· 발음으로 연결될 때 진성의 성대진동 패턴이 연결되도록 연습합니다.

· 발음에 강세 없이 하나의 말처럼 이어지도록 연습합니다.

4.22. 원시적 발성 Primal Sound

동물들은 학습된 소리가 아닌 본능적인 소리를 사용합니다. 개가 아무리 많이 짖더라도 성대결절에 걸리지 않는 것처럼, 본능적인 소리는 앞으로 뻗어나가고 목에 부담을 주지 않습니다. 반면, 사람들은 저마다 다양한 발음과 개성 있는 표현을 담아 목소리를 사용합니다. 이는 목소리를 생리적인 발성 기능과 멀어지게 만들어 발성 문제의 원인이 되기도 합니다. 원시적 발성은 동물들의 울음소리를 응용한 발성 연습으로 인위적인 발성에서 벗어나도록 돕습니다.[28]

1. 소 울음소리

1) 덩치 큰 황소의 울음소리를 상상하고 '음-'하며 상행했다가 다시 하행하는 활창을 연습합니다.
2) 소 울음소리 음색을 유지하며 여러가지 모음을 시행합니다. 구강개방이 작은 모음에서 큰 모음 순서 '이-', '에-', '아-'로 연습합니다.

2. 늑대 울음소리

1) 늑대의 하울링을 상상하고 '아우-'하며 가성으로 상행했다가 다시 진성으로 하행하는 활창을 연습합니다. 가성과 진성이 부드럽게 연결되어야 합니다.
2) 다양한 모음(아, 에, 이, 오, 우, 으)으로 응용해서 연습하세요.

3. 고릴라 소리

1) 고릴라가 서로 신경전을 벌이는 것처럼 가슴을 울리는 낮은 음정의 '우우우!' 소리를 냅니다. 상대를 놀라게 할 때 소리 내는 '워!'와 흡사한 발성입니다.

2) 흡기와 호기를 번갈아가며 고릴라 소리를 냅니다. 우후우후우후!('후'에서 흡기')

3) 다양한 모음(아, 에, 이, 오, 우, 으)으로 응용해서 연습하세요.

4. 물개소리

1) 물개가 내는 소리를 상상하고 '엉, 엉, 엉' 소리를 냅니다. '어'에서는 후두가 하강하고 턱이 충분히 벌어졌다가, 받침 'ㅇ'에서 혀 뒤쪽이 연구개와 맞닿으며 소리 납니다.

2) 물개 소리가 어렵다면, 뱃사공들이 노 저을 때 내는 기합 소리를 상상하며 '어이!' 소리를 냅니다. '어'에서는 후두와 턱이 하강하고, '이'에서는 어두운 음색을 유지합니다.

3) 다양한 모음(아, 에, 이, 오, 우, 으)으로 응용해서 연습하세요.

주의사항

생리적 발성   공명

· 이 연습은 인위적인 발음이 아닌 원시적인 동물들의 '소리(sound)'를 추구합니다.

· 모음으로 확장하는 경우 또박또박한 발음이 아닌 순화된 모음으로 연습합니다.

4.23. 후두마사지 Laryngeal Massage

후두의 위치는 여러 후두 내외근들의 작용에 의해 결정됩니다. 후두 근육들의 과긴장은 후두를 끌어올려 공명강을 좁히고 성대를 긴장시켜 부드러운 성대접촉을 방해합니다. 후두마사지는 과긴장된 후두 근육들을 이완시켜 올바른 후두 위치를 찾도록 하는 훈련입니다.[29] [30] [31]

1. 후두 하강을 위한 마사지

1) 후두 위치가 편안하게 내려갈 수 있도록 입을 가볍게 벌리고 턱과 혀에 힘을 뺍니다.
2) 목에 볼록 튀어나온 갑상연골(방패연골)을 찾습니다. 갑상연골은 모서리가 앞을 향하는 V자 모양으로 되어있으며, 침을 삼킬 때 위로 상승하는 연골입니다.
3) 갑상연골의 모서리 부분을 기준으로 엄지와 검지손가락을 이용해 양 옆으로 연골을 타고 이동합니다.
4) 약 2~3cm 이동하다 보면 갑상연골과 설골(갑상연골 위에 위치함) 사이에 연한 부분(갑상설골막)을 찾을 수 있습니다.
5) 손끝을 갑상설골막에 걸치고 후두를 아래 방향으로 마사지합니다.
6) 약 5분간 후두를 끌어내리며 마사지 합니다. 마사지 사이에 이완된 한숨을 시행합니다.

2. 흉쇄유돌근 마사지

1) 쇄골에서 귀 뒤쪽 유양돌기까지 연결되어 있는 흉쇄유돌근을 찾습니

다. 고개를 한쪽으로 돌렸을 때 목에 기둥처럼 도드라지는 근육입니다.

2) 양 손을 이용해 흉쇄유돌근을 위아래 골고루 마사지합니다.

주의사항

> **모니터링**
>
> · 너무 강한 힘으로 마사지 할 경우 후두의 긴장을 유발할 수 있습니다.
>
> · 마사지 후 발성을 했을 때 후두가 다시 상승하거나 긴장된 소리가 날 수 있습니다.
>
> · 긴장된 소리가 나는 경우 한숨을 통해 이완된 감각을 발성에 연결해보세요.

4.24. 보컬프라이 Vocal Fry

보컬프라이는 성대가 튀기듯이 진동하며 나타나는 최저음의 소리입니다.[26) 32)] 성대가 최대로 이완된 상태에서 최소한의 호흡을 사용하여 이루어집니다. 공포영화 '주온'과 '그루지'에서 귀신이 나올 때 내는 소리와 흡사합니다. 후두위치가 높거나 후두 과긴장이 있는 경우에 유용한 훈련입니다.

1. 보컬프라이

1) 표정에 힘을 빼고 입을 가볍게 벌리며 턱과 혀를 이완시킵니다.

2) 낼 수 있는 가장 낮은 음정의 소리를 최소한의 호흡으로 성대가 튀기듯 '아~' 하며 5초 이상 소리 냅니다. 어려운 경우 '오' 발음으로 소리 냅니다.

3) 밝은 음색의 소리는 목이 조이거나 후두가 높아진 상태에서 나는 소리일 수 있습니다. 어려운 경우 **4.17. 핸즈온(뭉크의 절규)**과 함께 턱과 후두를 떨어뜨리며 연습합니다.

4) 후두의 하강과 이완된 성대를 느끼며 5회 반복 연습합니다.

2. 흡기 보컬프라이

1) 표정에 힘을 빼고 입을 가볍게 벌리며 턱과 혀를 이완시킵니다.

2) 천천히 숨을 들이마시며 낼 수 있는 가장 낮은 음정의 소리로 성대가 튀기듯 '하~' 소리 냅니다. 목이 조여오거나 막힌다면 **4.17. 핸즈온(뭉크의 절규)**과 함께 연습합니다.

3) 흡기 보컬프라이와 호기 보컬프라이를 번갈아 가며 5회 반복 연습합

니다.

주의사항

생리적 발성   음질 개선   음역 확장

- 보컬프라이가 어려운 경우 가벼운 웃음소리 또는 가벼운 기침소리를 섞어 연습합니다.

- 코골 때 목 안에서 목젖이 떨리는 소리처럼 성대가 완전히 이완되어 나오는 소리입니다.

- 거울을 보며 턱과 얼굴에 힘을 빼고 연습합니다.

4.25. 연인두 근육 운동 Velopharyngeal Muscle Exercise

연인두 근육 운동은 구강과 비강의 밸브 역할을 하는 연구개와 연인두 폐쇄를 돕는 비인두 근육의 협응을 강화하는 운동입니다.[33] 이 운동은 원하는 타이밍에 연인두가 잘 닫힐 수 있도록 도와주는 연습으로, 발음 시 연인두 폐쇄 타이밍이 자주 어긋나 콧소리가 나는 경우에 효과적인 연습입니다.

1) 거울을 바라보고 볼에 풍선을 불 듯 바람을 채운 뒤 입술에 힘을 주어 약 5초간 공기가 새어 나가지 않도록 합니다.
2) 손바닥을 입 앞에 대고 /ㅋ/에서 따뜻한 입김이 느껴지도록 '욱쿠', '악카', '익키' 발음을 차례대로 소리 냅니다.
3) 거울을 바라보고 혀 뒤쪽과 연구개만을 사용하여 '욱구'×5회, '악가'×5회, '익기'×5회를 정확히 발음합니다.
4) 한 호흡으로 끊어지지 않도록 '구-구-구-그-구'×5회, '가-가-가-가-가'×5회, '기-기-기-기-기'×5회를 정확히 한 호흡에 발음 합니다.
5) 손바닥을 입 앞에 대고 /ㅋ/에서 따뜻한 입긴이 느껴지도록 '구-쿠'×5회, '가-카'×5회, '기-키'×5회를 정확히 발음합니다.

공명 　모니터링

· 발음 시 콧소리가 과하게 들어가지 않도록 주의해주세요

· 악끄아— , 욱끄으—, 익끼이— 발음처럼 /ㄱ/ 발음의 타이밍이 늦어지지 않
  도록 주의합니다.

· 된소리인 /ㄲ/이 너무 강하게 발음 되지 않도록 합니다.

4.26. 하품 한숨 Yawn-sigh

하품을 할 때는 인두가 확장되고 후두가 하강하며 의식하지 않아도 호흡이 배출됩니다. 하품 한숨 기법은 이러한 하품의 효과를 이용하여 성도를 이완시키고, 한숨을 통해 부드러운 발성을 이끌어내는 연습입니다.[26] 목을 열기 힘들거나 후두 하강이 어려운 경우에 효과적인 훈련입니다.

- 가장 바람직한 하품 한숨은 실제 하품을 해보는 것입니다.
- 올바른 하품을 했을 때에는 코와 귀를 연결해주는 이관(유스타키오관)이 열리며 귀에서 개방감이 느껴집니다.
- 실제 하품은 숨을 마시는 순간부터 후두가 하강하고 인두가 확장됩니다. 하품하기 직전 상태의 감각을 떠올리면 쉽습니다.

1) 하품할 때와 같이 입을 벌리고, 후두 하강, 인두 확장, 이관의 개방감을 느끼며 숨을 마십니다.
2) 실제 하품과 비슷한 소리로 발성과 함께 한숨 쉬듯이 '하~'하며 소리냅니다.
   호흡과 소리의 비율이 공기 반 소리 반으로 동일하게 유지되도록 합니다.
3) 후두 하강, 인두 확장, 이관의 개방감을 느끼며 5회 반복 연습합니다.
4) 하품하는 느낌을 유지하고 짧은 단어를 말해줍니다.
   "(하품)하나~", "(하품)하늘~", "(하품)한숨~", "(하품)하와이~"
5) 하품의 감각이 말소리와 연결되는 것을 느끼며 짧은 단어를 반복 연습

합니다.

주의사항

> 생리적 발성   공명   호흡 조절
>
> · 실제 하품하는 느낌으로 소리 냅니다.
>
> · 입과 턱이 충분히 벌려지지 않는다면 **4.19. 핸즈온(뭉크의 절규)**과 함께 연습합니다.
>
> · 숨을 마시는 순간부터 하품이 시작한다고 생각하며 연습합니다.

4.27. 가성 훈련 Falsetto

가성은 진성보다 성대가 덜 닫히고, 상대적으로 더 많은 호흡을 사용하는 소리입니다.[34) 35)] 일반적으로 높고 가벼우며, 진성과는 다른 울림을 가지고 있습니다. 성대를 최소한으로 접촉시켜 올바르게 소리 내면, 목의 과긴장을 줄이는 데 도움이 됩니다. 다만 발성 훈련에서 가성을 사용할 때는 호흡이 과도하게 새지 않도록 주의하고, 충분한 울림이 느껴지도록 연습하는 것이 중요합니다. 가성에서 느낄 수 있는 이완된 감각을 진성 발성에 잘 연결하면, 보다 편안한 발성을 경험할 수 있습니다.

1. 고음도 가성으로 공간 울리기

1) 고음도의 '오'발음으로 짧게 '쩡~'울리는 듯한 소리를 냅니다. 귀와 목 구멍을 열고 나의 머리와 지금 있는 공간 전체를 울리듯이 소리냅니다. 올바른 소리는 부엉이의 울음소리 또는 빈 병을 불었을 때 나는 소리처럼 느껴집니다.

   ▶ 귀가 열리는 감각 : 고산지대에서 귀가 먹먹할 때 하품을 하거나 침을 꿀꺽 삼키면 귀가 뻥 뚫리는 감각을 상상해보세요.

2) 공명이 충분한 소리를 찾았다면 '오'를 3번 연속 소리내봅니다.
   '오! 오! 오!'
   각각의 '오'가 머리와 공간을 울리는 감각을 느껴봅니다.

3) 가성 '오'를 5초 이상 길게 소리내봅니다. '오-----'

2. 가성에서 진성으로 꺾기

1) 가성에서 한 옥타브 낮은 음도의 진성으로 한번에 내려옵니다.

   '오-(가성)↘오-(진성)'

   가성과 진성 사이에 소리를 멈추지 말고 꺾어 내려오는 느낌을 가집니다. 마치 요들송이나 사오정 목소리에서의 꺾이는 소리입니다. 진성으로 바꿀 때 발음이 강하게 들어오지 않도록 주의하며 비슷한 수준의 공명감이 유지되는지 확인합니다.

2) '에'발음으로 가성에서 진성으로 한번에 내려옵니다.

   '에-(가성)↘에-(진성)'

   마찬가지로 진성으로 바꿀 때 발음과 공명감에 유의합니다.

3) '아'발음으로 가성에서 진성으로 한번에 내려옵니다.

   '아-(가성)↘아-(진성)'

   마찬가지로 진성으로 바꿀 때 발음과 공명감에 유의합니다.

4) 공명감을 유지하며 다양한 모음에서 시도해봅니다.

주의사항

음질 개선　　**공명**　　**음역 확장**

- 바람이 새나가는 흐릿한 가성이나 음정이 과도하게 높아 목이 조이는 가성은 피해야합니다.
- 속삭이는 소리가 되지 않도록 주의합니다.
- 가성이 잘 나오지 않을 경우 **4.26. 하품 한숨**으로 귀와 목구멍을 여는 감각을 연습하거나, 가벼운 흡기발성과 함께하면 도움이 됩니다.

4.28. 알렉산더 테크닉 Alexander Technique

알렉산더 테크닉은 오랫동안 잘못된 방식으로 몸과 발성을 사용해온 분들에게 유용한 훈련입니다.[36] 이 테크닉은 잘못된 습관에서 벗어나도록 유도하여 몸을 자연스럽게 사용할 수 있도록 돕습니다. 특히 잘못된 자세로 인한 요통이 있는 분이나 몸의 사용에서 과도한 긴장이 있는 경우에 효과적인 훈련입니다.

1. 알렉산더 테크닉의 5가지 디렉션(지시어)

1) 내 목이 자유롭다 : 목 근육들 하나하나가 힘이 빠진다고 상상합니다.
2) 내 머리가 앞과 위로 향한다 : 머리가 위로 떠오르며 뒷목이 길어진다고 상상합니다.
3) 척추가 길어지고 넓어진다 : 척추 마디 사이사이가 넓어지고 길어진다고 상상합니다.
4) 어깨가 중심으로부터 멀어진다 : 어깨를 뒤로 당기지 않고 양 옆으로 멀어진다고 상상합니다.
5) 다리가 척추와 서로 분리된다 : 고관절에서 다리가 분리된다고 상상합니다.

2. 올바르게 서기

1) 골반 넓이 정도로 발을 벌리고, 불편하지 않다면 두 발이 11자 모양이 되도록 섭니다.
2) 발가락과 발바닥 앞의 내측, 외측, 발뒤꿈치를 느끼며 정면을 바라보

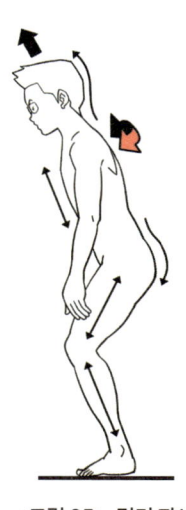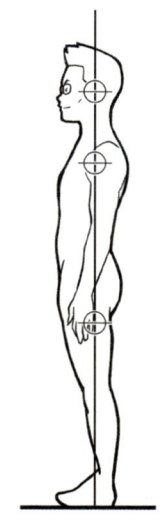

<그림 35> 멍키 자세   <그림 36> 올바르게 선 자세

고 편안하게 섭니다. 체중이 어떤 부위에 실리는지 느낍니다. 무게중심이 한쪽으로 치우치지 않도록 합니다.

3) 무릎을 살짝 구부리고 몸 전체를 이완시키면서 멍키monkey 자세(그림 35)를 취합니다. 멍키 자세는 무릎을 구부리고 상체가 앞으로 살짝 숙여져 어깨와 팔이 이완되어 늘어진 자세를 말합니다.

4) 무릎을 구부렸다 폈다 하면서 발바닥에서 무릎, 골반, 허리, 가슴, 어깨, 목, 머리 순으로 신체 감각을 느껴봅니다.

5) 몸의 무게중심을 느끼며 한쪽으로 치우치지 않도록 천천히 바르게 섭니다(그림 36).

6) 5가지 디렉션과 함께 선 자세를 연습합니다.

3. 올바르게 앉기

1) 선 자세에서 멍키 자세를 취합니다.

2) 머리를 따라 척추가 앞을 향해 살짝 숙여지며 골반이 아래로 내려가 의자에 닿습니다.

3) 체중을 좌골에 싣고 반쯤 걸터앉는 자세로 앉습니다.

4) 발바닥과 다리와 무릎을 편안하게 둡니다.

5) 좌골을 느끼며 머리가 앞과 위를 향하고 척추가 길어진다고 상상합니다.

6) 5가지 디렉션과 함께 앉은 자세를 연습해봅니다.

주의사항

모니터링

· 긴장이 느껴지는 경우 잠시 멈추고 다시 시도합니다.

· 이 테크닉은 알렉산더 테크닉 관련 단체에서 직접 배워볼 수 있습니다.

4.29. 시각적 피드백 Visual Feedback

시각적 피드백은 발성 시 몸의 움직임을 관찰하기 위한 방법으로 잘못된 자세나 몸의 사용을 인지하지 못하는 분들에게 유용한 훈련입니다.[26] 거울 또는 동영상 촬영을 통해 몸의 자세나 근육의 미세한 움직임을 관찰합니다. 몸을 올바르게 사용하는 것만으로도 변화가 찾아옵니다.

1. 얼굴 및 목

1) 입꼬리의 당김을 눈으로 관찰합니다. '이, 에, 아' 발음 시 자주 나타납니다.

2) 콧볼의 벌렁거림을 관찰합니다. 목이나 연구개 부분의 긴장이 있을 때 자주 나타납니다.

3) 미간의 찡그림을 관찰합니다. 목이 조이는 발성에서 자주 나타납니다.

4) 시선의 방향을 느껴봅니다. 시선이 아래로 향하면 호흡과 피치가 떨어질 수 있습니다.

5) 발성 시 후두가 움직이는 방향을 관찰합니다. 후두가 상승하면 공명이 부족해지고 어린아이 같은 목소리가 나며, 후두가 지나치게 하강하면 눌리고 부자연스러운 소리가 납니다.

6) 거북목인지, 일자목인지 확인합니다. 거북목인 경우 어깨에 긴장이 생기고, 일자목인 경우 성도가 좁아져 원활한 발성에 방해가 될 수 있습니다.

7) 그 외 표정근과 목 근육의 미세한 움직임을 관찰합니다.

2. 자세

1) 목이나 척추의 자세가 기울어졌는지 관찰합니다. 자세가 무너지면 호흡이 불안정해지며 발성 시 몸의 힘을 제대로 사용할 수 없습니다.

2) 무릎이 뒤로 꺾이거나(back knee) 허리를 너무 꼿꼿이 펴고있는지 관찰합니다. 이 경우 몸의 무게중심이 뒤를 향하게 되어 발성 또한 뒤를 향하는 소리가 납니다.

3) 어깨가 둥글게 말려 있는 라운드 숄더인지 확인합니다. 어깨와 가슴 근육의 과긴장으로 인해 원활한 호흡과 발성에 방해가 될 수 있습니다.

주의사항

모니터링

· 관찰이 어렵다면 해당 부위에 손을 대고 촉각적 피드백과 함께 확인합니다.

· 자신이 인지하지 못하는 몸의 움직임을 확인합니다.

4.30. 인스마일 In-smile

인스마일은 미소를 이용한 신체이완기법 중 하나로, 긍정적인 감정에서 나오는 자연스러운 미소를 뜻합니다.[37] 인스마일을 통해 얻어진 긍정적인 감정은 발성 연습에 자신감을 키워 줄 수 있습니다. 또한 인두 공간을 확장시키고 발성기관 근육들을 이완시키기 때문에 안면근육(표정근육) 긴장이 심한 분들에게 효과적인 연습입니다.

1) 어금니가 맞닿지 않도록 턱을 떨어뜨려 구강 전체가 열려 있는 느낌을 가지도록 합니다.

2) 목 안쪽의 아치 구조(목젖)가 시원해 지도록 숨을 들이 마시며 소리 내어 미소를 짓습니다. 거울을 보고 긍정적인 상상과 함께 연습하면 도움이 됩니다

   • 뜻밖에 선물을 받았을 때

   • 반가운 사람을 보았을 때

   • 놀라운 경치를 보았을 때,

   • 합격 소식을 들었을 때

   • 당첨 되었을 때 등

3) 인스마일을 지으면 깜짝 놀랐을 때, 하품이 시작될 때처럼 목 안쪽이 열리고 눈 밑(애교살)도 올라가게 됩니다.

4) 다시 한번 인스마일을 지은 후 짧은 문장을 말해봅니다.

   • (인스마일 후)"안녕하세요"

   • (인스마일 후)"반갑습니다"

감성적 발성   모니터링

· 4.10. 뮤잉과 함께 연습하면 좋습니다.

· 억지 미소가 되지 않도록 연습합니다.

· 꽃 향기 맡는 정도의 가벼운 호흡으로 연습합니다.

5

보이스 리부트
실전 연습

Voice Reboot Practice

보이스 리부트 실전 연습

보이스 리부트 실전 연습은 발성 테크닉을 일상 대화에 적용하기 위해 만들어진 연습입니다. 12가지 실전 연습을 통해 리부트 테크닉을 일상 생활에 쉽게 적용할 수 있도록 하였습니다. 실전 연습은 발성 감각을 쌓는데 필요한 리부트 테크닉과 이를 활용한 단어 및 의성어 그리고 일상 문장 단계로 구성하였습니다. 발성 연습은 다양한 발음과 상황에서 좋은 습관을 만들고 유지하는 것이 중요합니다. 설명을 읽고 규칙을 이해하면 발성 감각을 말소리로 유지하는데 도움이 될 것입니다. 또한 여러분들은 필요한 발성 감각을 연습할 때, 상황에 맞는 단어와 문장을 따라 읽으며 해당 감각을 익히는데 중요한 공통 발음을 발견하게 될 것입니다. 실전 연습을 통해 발성 감각에 필요한 발음의 요소를 찾고 자유롭게 자신만의 문장을 구성하여 적극적으로 연습해보시길 바랍니다. 효과적으로 발성 감각을 체감할 수 있는 연습이 될 것입니다.

실전 연습에 앞서

1. 실전 연습은 리부트 테크닉 → 단어 → 문장 → 실전 문장 순서로 이어져 있습니다.

2. 효과적인 실전 연습을 위해서는 순서대로 읽어가며 자신의 연습 진행 정도를 파악하는 게 좋습니다. 예를 들면, 리부트 테크닉으로 자신의 발성 감각을 충분히 익혔다면 단어를 읽고 그 다음 문장으로 발전시켜 나가야합니다.

3. 자신의 연습이 잘 되고 있는지 모를 때는 쉬운 연습 단계에서 연습하여 발성 감각을 익히는 걸 추천드립니다. 리부트 테크닉으로 얻은 발성 감각을 단어나 문장에 적용이 되도록 차근차근 연습하시기 바랍니다.

4. 연습 단어와 연습 문장의 읽기 난이도가 쉬운 편입니다. 따라서 단순하게 읽다 보면 의미 없는 낭독이 될 수 있습니다. 본 연습의 목적은 다양한 상황의 발성 감각을 익히는 것이기 때문에 낭독보다 발성 감각에 초점을 맞춰 연습해 주시기 바랍니다.

5. 본 책 부록 **7.2 발성 연습 워크북**으로 기록하며 연습한다면 훨씬 더 효과적인 연습이 가능합니다!

5.1. 부드러운 성대접촉을 위한 실전 연습

말을 강하게 하거나 목을 조이며 말한다면 하품과 함께 다음 문장을 연습하여 편안한 목소리를 만들 수 있습니다. 하품에서 만들어지는 /ㅎ/발음은 성대 사이로 기류가 통과하는 마찰음으로 부드러운 성대접촉을 유도합니다.

연습은 단어와 문장으로 구성되어 있습니다. 하품 소리에 가장 가까운 모음 /ㅏ/부터 가장 거리가 먼 모음 /ㅜ/까지 난이도를 구성하였습니다.

4.18. 입술 떨기   **4.26. 하품 한숨**

1. 리부트 테크닉 **4.18. 입술 떨기**를 참고하여 입술을 부드럽게 떨며 기류 배출을 느껴봅니다.

2. 리부트 테크닉 **4.26. 하품 한숨**을 참고하여 하품 한숨 연습을 합니다.

3. 하품 시 나오는 /ㅎ/소리로 부드러운 성대 접촉을 느껴봅니다.

4. 하아~, 헤에~, 히이~, 호오~, 후우~ 등과 같이 하품소리를 여러 모음들로 변형합니다.

| 부드러운 성대 접촉을 도와주는 단어

4.26. 하품 한숨을 참고하여 다음 단어를 읽어보세요.

- 하인, 하얀, 하울, 하마, 하나, 하지, 하구, 하부, 하동, 하계, 하루, 하청, 하품

- 헤어, 해운, 해일, 해마, 헤나, 헤딩, 해지, 해구, 해부, 해동, 헤라, 해체

- 히어로, 히터, 히잡, 힌두어

- 호우, 호환, 호일, 호응, 호미, 호박, 호남, 호주, 호기, 호피, 호두, 호롱불, 호출

- 후원, 후일, 후하다, 후미, 훈남, 후지, 후공, 후배, 후라이, 후추, 후향

| 부드러운 성대 접촉을 위한 연습 문장

set. A

하품하는 하마

하강하는 온도

하늘에서 환한 햇빛이 내린다

함박 눈이 훨훨 내려요

한숨 쉬는 할아버지

한 번 해볼게요

한 송이의 해바라기

한국 사람은 한복을 입는다

할머니의 호미 한 자루

할 일 많은 어머니

항아리 하나 두어요

항구에는 해산물이 많아요

set. B

헤어진 연인

해넘이 휴게소

해낼 수 있어요

힘이 넘쳐요

흰 물감 한 방울

희망찬 하루 보내요

호 불어 먹는 **호빵**

혼자 할 수 있어요

호수가 보이는 **호텔**

홀라후프 하나

후기가 좋은 한식당

훈연이 잘된 **훈제오리**

| 응용 문장

하루 종일 **해가** 떠있는 백야는 **한 여름에 해가** 지평선 아래로 내려가지 않는 **현상이다. 하얀 밤**이라는 말처럼 밤이 되어도 **해가 하늘을 환하게 비춘**다.

| 실전 문장

부드러운 성대접촉을 위한 발음의 요소를 찾았나요? 해당 발음을 넣어보며 자신만의 실전 문장을 만들고 따라 연습해 보세요.

1. _____

   _____

2. _____

   _____

3. _____

   _____

5.2. 목소리 초점과 명료한 전달력을 위한 실전 연습

목소리에 초점이 없어 전달력이 떨어지거나 힘이 없어 고민이라면, 의성어로 성대 접촉을 유도하고 /ㅣ/모음을 이용한 연습으로 전달력을 높일 수 있습니다. 성대 접촉을 유도하는 의성어와 성대 접촉이 높은 /ㅣ/모음은 명료한 소리를 만드는 데 도움을 줍니다.

연습은 단어와 의성어, 그리고 문장으로 이루어져 있습니다. /ㅣ/모음과 가장 가까운 자음 /ㅁ/부터 가장 먼 자음 /ㄱ/까지 난이도를 구성하였습니다.

연습에 도움되는 리부트 테크닉

4.15. 혀 떨기   **4.1. 버징사운드**

1. 리부트 테크닉 **4.15. 혀 떨기**를 참고하여 혀 근육의 긴장을 풀어줍니다.

2. 리부트 테크닉 **4.1. 버징사운드**를 참고하여 명료한 소리를 연습합니다.

3. **4.1. 버징사운드**에서 버징을 /이/모음에 가까운 소리로 바꾸어 봅니다.

| 명료한 전달력을 위한 단어

4.1. 버징사운드를 참고하여 다음 단어와 의성어를 읽어보세요.

　(버징 사운드 → /이/모음과 가까운 소리 유지)

- 이미, 이지, 이끼, 이 때, 이제, 이빨, 이자, 이거, 이모, 이과, 이불, 이두, 이군
- (녹슨 문을 열 듯) 끼이이이익, (물에 젖은 신발을 신고 걷듯) 찌~걱 찌~걱

| 명료한 전달력을 위한 연습 문장

set. A

벌이 **지이이잉(버징사운드)** 날아다닌다

드릴로 나사를 **지이이잉(버징사운드)** 박는다

문이 **끼이이이익** 열린다

찌이이익 사인펜으로 밑줄을 긋는다

삐이이익 버스 벨을 누른다

젖은 신발에서 **찌~걱 찌~걱** 소리가 난다

끼이익╱, 끼이익╲ 문이 많이 녹 슬었다

삐이이이 그 답은 틀렸습니다

자동차에서 **끼익 끼익 끼익** 소리가 난다

문에서 **끼이익** 소리가 나자 드릴로 **지이이잉(버징사운드)** 조여 수리하였다

찌~걱 찌~걱 소리나는 신발의 찍찍이를 **찌이익** 풀어 벗었다

set. B

이건 뭐에요

이만큼 주세요

이렇게 하세요

이것 좀 보세요

이제 일어났어요

이 팀이 **이길거에요**!

이야~ 이 느낌이구나

이봐요, 이 쪽이에요

이 쪽으로 입장하세요

있잖아요, 여기 있어요

이미 이 소리는 이 앞에서 나오고 있어요

이 아이의 씨익 웃는 미소는 참 이쁘다

입구에서 많은 인파로 인산인해를 이루었다

| 응용 문장

이번 이적시장에서 이목을 집중시킨 인물은 이길동 씨입니다. 이길동 씨는 인터뷰를 통해 '이제 시작인 만큼 이적 이후에도 좋은 모습을 보여드리겠다'며 이야기를 전했습니다.

| 실전 문장

명료한 전달력을 위한 발음의 요소를 찾았나요? 해당 발음을 넣어보며 자신만의 실전 문장을 만들고 따라 연습해 보세요.

1. _____

_____

2. _____

_____

3. _____

_____

5.3. 올바른 자세와 또렷한 목소리를 위한 실전 연습

좋은 목소리는 올바른 자세에서 나옵니다. 올바른 자세를 유지하며 문장을 말하여 자세를 개선하고 초점 있는 목소리를 만들어보세요. 본 연습은 신체 부위의 위부터 아래로, 좁은 부위에서 넓은 부위로 순서를 구성하였습니다. 또한 /ㄴ/발음으로 시작하는 단어와 문장들로 구성하였기 때문에, 또렷한 목소리를 이끌어 낼 수 있습니다.

연습에 도움되는 리부트 테크닉

4.10. 뮤잉　　**4.28. 알렉산더 테크닉**

1. **4.28. 알렉산더 테크닉** 자세를 유지하며 **4.10. 뮤잉**을 연습합니다.

2. **4.10. 뮤잉** 시 오픈 허밍 /은-/sound를 내어 안면진동을 충분히 느끼며 목소리의 또렷한 초점을 만들어봅니다.

3. 오픈 허밍 /ㄴ/sound로 목소리의 초점을 만들었다면, 초점을 유지하며 /은-니/, /은-네/, /은-나/, /은-노/, /은-누/발음으로 소리냅니다.

| 또렷한 목소리를 만들기 위한 단어

4.28. 알렉산더 테크닉을 참고하여 다음 단어를 읽어보세요.

(뮤잉 허밍 /은-/을 소리낸 뒤)

은-내일, 은-내음, 은-내원, 은-내외, 은-내용, 은-내역, 은-내한

| 또렷한 목소리를 만들기 위한 연습 문장

4.28. 알렉산더 테크닉을 생각하며 다음 문장을 천천히 읽어보세요.

4.10. 뮤잉을 생각하며 최대한 안면진동을 유지하세요.

set. A

은-내 목이 자유롭다

은-내 목구멍이 열린다

은-내 머리가 앞과 위로 향한다

은-내 눈은 멀리 향한다

은-내 귀가 열린다

은-내 혀가 편안하다

은-내 턱이 편안하다

은-내 척추가 길어지고 넓어진다

은-내 숨이 깊어진다

은-내 다리와 척추가 서로 분리된다

은-내 어깨가 중심으로부터 넓어진다

은-내 몸은 한 몸이다

은-내 마음은 편안하다

set. B

은-내 목이 열린다

은-내 안면이 울린다

은-내 시선이 열린다

은-내 머리가 울린다

은-내 혀가 앞에 있다

은-내 턱이 떨어진다

은-내 숨이 편안하다

은-내 가슴이 열린다

은-내 몸이 울린다

은-내 목소리는 편안하다

은-내 목소리는 또렷하다

은-내 목소리는 깊다

은-내 목소리는 멀리 나간다

| 응용 문장

나는 목소리를 내는 내내 편안하게 호흡을 내쉬며 무심했던 내 감각의 신호를 알아차리고 머리부터 발바닥까지 내려오는 감각의 자유로움을 느낀다.

| 실전 문장

목소리의 초점을 위한 발음의 요소를 찾았나요? 해당 발음을 올바른 자세
를 유지하며 자신만의 실전 문장을 만들고 따라 연습해 보세요.

1. _____

_____

2. _____

_____

3. _____

_____

5.4. 호흡을 밖으로 내보내기 위한 실전 연습

호흡을 밖으로 내보내지 못한다면 목소리도 앞으로 나가지 못합니다. 우리 나라 자음 중 파열음은 기류가 입 밖으로 터지는 발음으로, 막힌 목소리의 호흡을 앞으로 내보내는데 도움을 줍니다. 다음 문장을 이용해 입 밖으로 호흡을 내보내며 연습해보세요. 연습은 호흡을 내보내기 쉬운 단어와 문장 으로 이루어져 있습니다. 호흡을 뱉기 가장 쉬운 앞쪽 자음 /ㅍ/부터 뒤쪽 자음 /ㅋ/까지 난이도를 구성하였습니다.

연습에 도움되는 리부트 테크닉

> **4.7. C-spot**　　**4.12. 액센트 기법**
>
> 1. **4.7. C-spot**을 참고하여 복부의 긴장을 이완하고 입 밖으로 나가는 호흡 을 느껴봅니다.
> 2. **4.7. C-spot**이 익숙해졌다면 **4.12. 액센트 기법**으로 강세의 변화를 주어 호흡의 배출 강도를 높여봅니다.
> 3. 휴지를 입 앞에 두고 파열음/파/, /타/, /카/를 발음합니다. 발음 시 휴지가 앞으로 날리며 발음되는지 확인합니다.

| 호흡을 밖으로 내보내기 위한 단어

휴지를 입 앞에 두고를 참고하여 다음 단어를 읽어봅니다. 발음 시 휴지가 앞으로 날리는지 확인합니다.

- 파티, 패치, 피치, 포토, 풀칠

- 타자, 태초, 티비, 토고, 투구

- 카키, 캐디, 키티, 코트, 쿠키

| 호흡을 밖으로 내보내기 위한 연습 문장

set. A

파프리카 팔아요

파도가 친다

폭탄이 터진다

PT 하는 트레이너

패티가 큰 와퍼

탄두리 치킨

타잔이 소리 친다

토마토를 키운다

티비에 나오는 탤런트

택도 없는 소리

차가운 커피

차를 타고 카페에 간다

촛불 하나 켜요

칙칙 폭폭 기차

책을 펼친다

카톡 하나 보내 봐

카드에 돈을 채웠다

(CM송 부르듯이) 쿠쿠하세요 쿠쿠

키가 큰 톱 모델

상을 치우고 소파에 앉았다

봉투를 들고 마트에 간다

사막의 낙타는 혹이 크다

자동차 바퀴가 펑크 났다

외출할 땐 이어폰을 꼭 챙긴다

지점토와 조각칼로 작품을 만든다

슈퍼맨이 망토를 휘날리며 악당을 물리친다

컴퓨터는 본체와 모니터가 필수다

성탄절엔 산타클로스가 루돌프를 탄다

이제부터 셔츠에 명찰을 부착한다

일교차가 심해 아침에 자켓을 걸쳤다

┃응용문장

이번 겨울은 코가 시릴 정도로 차가운 날이 지속되어 두꺼운 터틀넥과 파카를 입어야겠습니다. 히터를 틀어 이번 겨울 따뜻하게 보냅시다!

| 실전 문장

호흡을 밖으로 내보내기 위한 발음의 요소를 찾았나요? 해당 발음을 넣어
보며 자신만의 실전 문장을 만들고 따라 연습해 보세요.

1. _____

_____

2. _____

_____

3. _____

_____

5.5. 후두를 내리고 목구멍을 열기 위한 실전 연습

올바른 발성을 위해서는 후두가 자연스럽게 내려가고 목구멍이 열려야 합니다. 그러나 인위적인 방법으로 후두를 내리려 하면 발성에 불필요한 긴장이 들어갑니다. 자연스럽게 후두를 내리고 목구멍을 열기 위한 가장 효과적인 방법은 감정을 이용하여 발성하는 것입니다. 다음의 문장은 감정을 담아 말할 수 있는 단어로 구성된 문장입니다. 일상생활에서 표현 되는 말들로 후두하강과 열린 목구멍을 느끼며 연습해보세요.

연습에 도움되는 리부트 테크닉

4.23. 후두마사지   4.13. 감정적 호흡 훈련   4.11. 흡기발성

1. **4.23. 후두마사지**와 **4.13. 감정적 호흡 훈련**을 참고하여 후두외근과 갑상설골근을 이완하고 따뜻한 호흡으로 갑상연골을 하강시킵니다.
2. **4.11. 흡기발성**을 하여 후두가 자연스럽게 하강 되는지 확인합니다.

| 목구멍을 열기 위한 의성어

- (들숨을 놀라듯이) 허~어!
- (기지개 하품하듯) 하~암
- (온탕에 몸을 담그듯) 하~
- (뜨거운 밥을 머금듯) 하~
- (언 손을 녹이듯) 하~

- (안도하는 숨을 쉬듯) 하~

- (손으로 가슴을 쓸어내리며) 하~

- (땅이 꺼지는 한숨 쉬듯) 하~

- (흐느끼듯) 하이고~

| 목구멍을 열기 위한 연습 문장

(들숨을 놀라듯이) 허~어! 정말~?

(기지개 하품하듯) 하~ 잘 잤다~

(기지개 하품하듯) 하~ 개운하다~

(기지개 하품하듯) 하~ 너무 졸려요

(온탕에 몸을 담그듯) 하~ 시원하다~

(온탕에 몸을 담그듯) 하~ 좋~다~

(뜨거운 밥을 머금듯) 하~ 뜨거워~

(언 손을 녹이듯) 하~ 따뜻해~

(언 손을 녹이듯) 하~ 언제와

(안도하는 숨을 쉬듯) 하~ 다행이다~

(안도하는 숨을 쉬듯) 하~ 놀랐네

(손으로 가슴을 쓸어내리며) 하~ 살았다

(손으로 가슴을 쓸어내리며) 하~ 깜짝이야

(땅이 꺼지는 한숨 쉬듯) 하~ 이런~

(땅이 꺼지는 한숨 쉬듯) 하~ 큰일이네

(흐느끼듯) 하이고~ 세상에

(놀라듯) 허~어! 안녕하세요~ or 오랜만이다!

(놀라듯) 허~어! 우와~ 이게 뭐야~?

(하품하며) 하~ 졸려, 얼른 자야지

(하품하며) 하~ 오늘 너무 피곤하다

(기지개를 켜며) 하~ 잘잤다. 얼마나 잤지?

(온탕에서) 하~ 시원하다, 좋다~

(뜨거운 밥을 머금듯) 하~ 밥이 너무 뜨거워

(언 손을 녹이듯) 하~ 손이 얼었어 하~

(언 손을 녹이듯) 하~ 애는 언제 오는 거야

(안도하듯) 하~ 하마터면 큰일 날 뻔했네

(안도하듯) 하~ 아무 일도 없어 다행이다

(가슴을 쓸어내리며) 하~ 엄청 놀랐어요

(땅이 꺼지듯) 하~ 오늘 왜이러지?

(땅이 꺼지듯) 하~ 이렇게 해야 되는데

(흐느끼듯) 하이고~ 왜 그러셨어요

(흐느끼듯) 하이고~ 이러면 큰 일 나요

▎실전 문장

목구멍을 열기 위한 의성어에 익숙해졌나요? 연습에 자신 있는 의성어를 넣어 자신만의 실전 문장을 만들고 따라 연습해 보세요.

1. (의성어:)
_____

_____

2. (의성어:)
_____

_____

3. (의성어:)
_____

_____

5.6. 목소리 크기와 거리감 조절을 위한 실전 연습

목소리에서 거리감은 큰 소리를 효율적으로 낼 수 있게 만들어주는 중요한 감각입니다. 멀리 있는 사람을 부르듯 거리감을 가지고 소리를 내면, 자연스럽게 복압과 성문 하압이 증가하고 목소리 크기가 커집니다. 그러나 거리감 없이 소리를 지르면 불필요한 긴장으로 후두와 성대에 부담을 주게 됩니다. 몸에 불필요한 긴장을 빼고 오로지 자신의 목소리로 거리와 크기를 표현해 보세요. 표현할 수 있는 목소리만큼 발성 능력도 올라갑니다. 일상에서 사용하는 작은 소리부터 큰 소리, 가까운 소리부터 먼 소리까지 난이도를 구성하였습니다. 단, 억지로 고함치듯 연습하지 않도록 주의해주세요.

연습에 도움되는 리부트 테크닉

> **4.4. 활창** **4.2. 음성분석 어플리케이션 활용하기**
>
> 1. **4.4. 활창** 연습을 참고하여 자신의 목소리 가동범위를 파악하고 음역을 넓혀 봅니다.
> 2. Voice tools 어플리케이션의 다음 기능을 활용합니다.
>   **7.1.1 Voice tools**(page 230) 참고.
>   ⓐ 스마트폰을 입에서 45도 각도로 두고 5~10cm 거리에서 일상 말(ex. 안녕하세요, 반갑습니다, 수고하세요, 감사합니다 등..)을 말하여 나의 평소 목소리 크기를 실시간으로 확인할 수 있습니다. 일반적으로는 60dB 정도가 좋습니다.

ⓑ 인사말(ex. 안녕하세요, 안녕, 여보세요..)을 가상의 거리를 두고 가까운 곳에서 먼 곳까지 말하여 거리에 따른 나의 독소리 크기를 확인할 수 있습니다.

| 목소리 크기와 거리감 조절을 위한 연습 문장

set. A 크기에 따른 조절

미국 질병통제예방센터(Centers for Disease Control and Prevention, CDC)의 지침을 참고하였습니다. 음성분석 어플리케이션을 이용하는 경우 스마트폰 기종에 따라 수치의 차이가 있을 수 있습니다.

Voice tools를 사용하여 다음 단계 별 dB에 맞춰 지문을 말해보세요.

1단계 : "쉿, 조용히 해주세요." **(약 30dB)**

2단계 : "여보세요." **(약 50dB)**

3단계 : "안녕하세요." **(약 60dB)**

4단계 : "00야 놀자~" **(약 80dB)**

5단계 : "불이야~" **(약 110dB)**

set. b 거리에 따른 조절

1단계 : **(도서관에서 조용하게 말하듯이)** 저기요. 조용히 해주세요.

2단계 : **(조용한 카페에서 마주 앉은 사람에게)** 저기요. 어떤 거 드시겠어요?

3단계 : **(밖에서 지나가는 사람을 붙잡으며)** 저기요. 지하철역은 어디에 있나요?

4단계 : **(식당에서 주방에 있는 종업원에게)** 저기요. 여기 메뉴판 좀 주세요.

5단계 : **(길 건너 사람에게)** 저기요. 여기 지갑 떨어뜨리셨어요.

| 목소리 크기와 거리감 조절을 위한 응용 문장 38)

화재가 발생하면 어떻게 해야 할까요? 먼저 최대한 큰 소리로 외쳐 주변에 알려주세요.

(주변 사람에게 외치듯) **"불이야! 불이야!"**

그리고 젖은 수건 등으로 코와 입을 막고 계단으로 이동하며, **옆에 있는 사람에게** 전달합니다.

(옆 사람에게 가볍게 말하듯) **"조심히 내려오세요."**

| 실전 문장

거리감에 따른 목소리 크기 조절에 익숙해졌나요? 제시된 상황에 맞는 자신만의 문장을 넣어 실전 문장을 만들고 따라 연습해 보세요.

1. (도서관에서)
   _____

2. (편의점에서)
   _____

3. (길 건너 사람에게)
   _____

5.7. 공명을 극대화하기 위한 실전 연습

공명은 자신의 목소리를 증폭시키는 데 필요한 중요한 과정입니다. 다음 연습으로 본인 만의 공명 감각을 찾길 바랍니다. 연습은 공명을 쉽게 느낄 수 있는 비음 단어와 문장으로 이루어져 있습니다. 그리고 비자음과 가장 가까운 모음 /ㅣ/부터 거리가 먼 모음 /ㅏ/까지 난이도를 구성하였습니다. 연습 시, 비음에 집중하여 과도한 콧소리가 나지 않도록 주의하시기 바랍니다.

연습에 도움되는 리부트 테크닉

> `4.22. 원시적 발성` `4.6. 허밍`
>
> 1. **4.22. 원시적 발성**의 소 울음소리, 고릴라 소리, 물개 소리를 참고하여 본능적인 발성을 느껴봅니다.
>
> 2. **4.6. 허밍**을 참고하여 안면 전면부의 충분한 진동을 느껴봅니다.
>
> 3. 안면 전면부의 진동을 유지하며 다음 모음으로 소리내어봅니다.
>   /으흠~미/, /으흠~무/, /으흠~모/, /으흠~머/, /으흠~마/, /으흠~메/

| 공명을 극대화하기 위한 단어

허밍으로 안면 전면부의 진동을 느끼며 다음 단어를 말해봅니다.

  으흠~_____

- 미인, 미아, 미움, 무리, 무안, 무운, 모의, 모함, 모유
- 마임, 마라, 마음, 매일, 매화, 매우

• 내일, 내한, 내유, 누이, 누애, 누유, 노인, 노안, 노후, 나이, 나라

| 공명을 극대화하기 위한 연습 문장

음~ 미안한 마음

음~ 미인의 미모

음~ 미나리와 미역

음~ 매운 마라소스

음~ 매일 먹는 메밀묵

음~ 맴맴 우는 매미 한 마리

음~ 문을 밀어요

음~ 무리하지 마세요

음~ 무늬가 멋진 모자

음~ 모여서 말해요

음~ 몸에 물을 묻혀요

음~ 모노레일은 무서워요

음~ 머리를 밀어요

음~ 머나먼 망망대해

음~ 멀리서 만나요

음~ 마음으로 말해요

음~ 만나면 물어봐요

음~ 말랑말랑한 마리모

은~ 닐리리야 노래해요

은~ 니스는 미끌거려요

은~ 니코틴은 몸에 나빠요

은~ 내용물이 많아요

은~ 내일은 미루지 않아요

은~ 내 이름은 ○○○이에요

은~ 눈이 많이 내려요

은~ 누나는 머리를 말려요

은~ 누구세요 노크하세요

은~ 놀라지 마세요

은~ 노래 부르며 놀아요

은~ 노랗고 먹음직스러운 망고

은~ 너무 일이 밀렸어요

은~ 너희는 내일 모여라

은~ 넓게 말려 놓은 무말랭이

은~ 날아가는 나비

은~ 나만 모임에 나가요

은~ 나무가 무럭무럭 자라요

| 응용 문장

눈이 오는 날엔 마당에 나가 눈사람을 만든다. 나뭇가지로 얼굴을 만들고
모자와 목도리를 둘러 눈사람을 완성한다.

| 실전 문장

공명이 극대화되는 발음 요소를 찾았나요? 해당 발음을 넣어보며 자신만의
실전 문장을 만들고 따라 연습해 보세요.

1. 으흠~
    _____

    _____

2. 으흠~
    _____

    _____

3. 으흠~
    _____

    _____

5.8. 비음을 줄이기 위한 실전 연습

콧소리가 너무 많아 고민이라면 다음 연습으로 콧소리를 줄일 수 있습니다. 콧소리가 사용되지 않는 구강 자음은 비음을 줄이는 데 도움을 줍니다. 연습은 구강 자음이 들어간 단어와 문장으로 이르어져 있습니다. 그리고 구강음 비율이 가장 많은 모음 /ㅏ/부터 구강음 비율이 가장 적은 모음 /ㅣ/까지 난이도를 구성하였습니다.

연습에 도움되는 리부트 테크닉

> **4.14. 조음점 익히기 연습**　　**4.3. 반폐성도 기법**
>
> 1. **4.14. 조음점 익히기 연습**을 참고하여 구강 자음의 정확한 조음점을 익혀봅니다.
>
> 2. **4.3. 반폐성도 기법**을 참고하여 볼을 가득 부풀리며 뱃고동 소리를 내봅니다.
>
> 3. 볼을 가득 부풀리고 뱃고동소리를 유지한 채, 구강 자음을 발음해봅니다. /두두두두/, /주주주주/, /쿠쿠쿠쿠/

| 비음을 줄이기 위한 단어

볼을 가득 부풀리고 뱃고동소리로 구강 압력과 배출되는 호흡을 유지하며, 다음 단어를 발음해봅니다. 연습 시 볼의 압력이 꺼지지 않도록 주의해주세요.

- 박하, 보세, 부탁, 비지, 파카, 퍼피, 포크, 피치,
- 다도, 도태, 두부, 뒤탈, 타자, 토고, 투수, 티코.

| 비음을 줄이기 위한 연습 문장

set. A

바보가 바보에게

보고픈 티비 속 배우

부엌에서 부침개를 부친다

배추 배달을 배운다

빗줄기가 비옥한 땅을 적신다

다 닦아서 두었다

도토리 두 개 가지는 다람쥐

두부 파는 두부 아저씨

대비책이 부족한 대책본부

디스크가 터진 디자이너

가시 고르기 까다로운 갈치

고대 땅을 발견한 고고학자

set. B

구더기가 가득한 구렁

개의치 않고 길을 개척한다

기차가 깊은 곳을 통과한다

파티가 펼쳐졌다

푸켓에서 보는 푸른 바다

피곤해서 피부에 피지가 쌓였다

타격 소리가 큰 태권도

투수가 던지고 타자가 친다

티켓을 가지려 티격태격 다툰다

카지노에 가서 카드게임 한다

코피가 터지면 코를 휴지로 감싼다

키가 커서 키다리가 별명이다

┃ 응용 문장

다음 문장은 비강 자음(ㅁ, ㄴ, ㄹ, 받침ㅇ) 비율 0% 문장입니다.[39][40] 괄호의 비음도란 성인 남녀가 해당 문장을 읽었을 때 코로 빠져나가는 기류의 비율을 계산한 것입니다. 비강 자음의 비율이 낮으면 비음도 또한 낮습니다. 비음도에 대한 자세한 확인은 음성 전문 이비인후과에서 검사를 통해 측정 받을 수 있습니다.

- *월요일 오후 바닷가에 가서 새우를 잡았다.*
  (비강 자음 비율 0% 문장, 평균 비음도 22.9~25.3%)
- *거북이와 토끼의 달리기 이야기죠. 토끼가 자기하고 달리기 시합하자고 크게 소리치자 거북이가 그러자고 했어요.*
  (비강 자음 비율 0%, 평균 비음도: 15~20.5%)

• *아기가 엄마 품에 잠들어 있을까요, 우리 아기 예쁜 아기 새근새근 잠자요.*

  (비강 자음 비율 11.7%, 평균 비음도 29~37.8%)

| 실전 문장

비음을 줄이기 위한 발음의 요소를 찾았나요? 해당 발음을 넣어보며 자신만의 실전 문장을 만들고 따라 연습해 보세요.

1. _____

   _____

2. _____

   _____

3. _____

   _____

5.9. 구강개방을 위한 실전 연습

정확한 전달력과 풍부한 공명으로 말하기 위해서는 입을 적절한 크기로 벌려야 합니다. 발성 시 충분한 구강개방은 과도한 턱 긴장을 줄이고 적절한 구강공명을 만들어 전달력이 상승됩니다. 연습은 구강개방을 유도하는 의성어와 감탄사, 단어, 문장으로 구성하였습니다. 연습 시 입을 양 옆으로 과도하게 찢지 않도록 발음에 주의합니다.

연습에 도움되는 리부트 테크닉

4.19. 핸즈온　　**4.20. 저작하기**

1. **4.19. 핸즈온** 턱 움직임 바로잡기 연습을 참고하여 양손으로 턱을 쓸어내리며 소리 냅니다.

2. 턱을 쓸어내리며 소리 내었다면, **4.20. 저작하기**를 참고하여 턱을 움직이며 이중모음을 발음합니다.
   /**야**-이-**야**-이-**야**-이-**야**-/

| 구강개방을 위한 의성어 & 감탄사 & 단어

양 손을 양쪽 턱에 대고, 턱을 쓸어내리며 다음과 같은 의성어를 냅니다.

- (폭탄이)퍼-엉, (입이)떠-억, (입을)쩌-억, (트림을)꺼-억,
  (어이없는 듯) 허-얼.
- 찹쌀-떠-억, (음식을)냠냠냠, (늑대 울음소리) 아우우~

양 손을 양쪽 턱에 대고, 턱을 쓸어내리며 입을 찢지 않고 다음 단어를 발음합니다.

- 아빠, 아자, 아가, 예배, 예대, 엔젤, 입시, 입지, 임기

| 구강개방을 위한 연습 문장

밑줄이 그어진 부분은 턱을 벌리며 발음합니다.

set. A

입이 **떠-억** 벌어졌다

먹이를 먹기 위해 입을 **쩌-억** 벌린다

상추쌈을 먹기 위해 입을 **아~** 벌렸다

하마처럼 입을 **아~** 벌려본다

하~암 기지개를 켜고 일어났다

큰 고깃덩이를 어금니로 **냠냠냠** 씹는다

깜짝 놀라서 눈이 **커졌다**

와~ 소리 나는 광경

걱정을 **확~** 덜었다

사과가 **주렁주렁** 열렸다

입 안에서 **질겅질겅** 씹어지는 껌

산 정상에 올라 **야호~** 소리친다

양손을 입에 모아, **여러분~** 부자되세요

바다에서 자랐다

바나나를 깐다

다 강한 사람

다 타버린 감자

가사가 당차다

가방 안에 담아라

만나자 마자 안아요

말 한 마리로 가는 마차

난장판이 된 안방

나라마다 다 다른 매력

펄펄 하얀 눈이 떨어졌다

털털한 남자가 말한다

칼칼한 라면 한 젓가락

▌응용 문장

밑줄이 그어진 부분은 손으로 턱을 쓸어내리며 발음합니다.

드넓은 **바다**에 가면 **저~** 멀리 펼쳐진 수평선에 입이 **떠~억** 벌어지며 **우와 ~** 소리가 절로 나온다. 경치를 **바라**보며 **한참** 시원한 바람을 맞으면 묵었던 **걱정이 확~ 달아난다.**

| 실전 문장

구강개방을 위한 의성어에 익숙해졌나요? 연습에 자신있는 의성어를 넣어
자신만의 실전 문장을 만들고 손으로 턱을 쓸어내려 떨어트리며 따라 연습
해 보세요.

1. (의성어:)
_____

_____

2. (의성어:)
_____

_____

3. (의성어:)
_____

_____

5.10. 입술 긴장 완화를 위한 실전 연습

입을 과도하게 좌우로 벌리고 말하거나 입꼬리에 힘을 주고 말하면 광경근 (platysma)의 지나친 긴장으로 결국 후두긴장이 심해지게 됩니다. 입술에 힘을 주고 말하고 있다면 **4.29. 시각적 피드백**의 입술 긴장 확인을 참고하여 다음 문장들을 읽으며 연습할 수 있습니다. 연습은 입꼬리에 긴장이 들어가기 쉬운 모음(/ㅣ/, /ㅔ/, /ㅐ/, /ㅏ/)이 들어간 단어와 문장으로 구성하였습니다. 거울을 보고 연습하는 것을 추천합니다.

연습에 도움되는 리부트 테크닉

4.18. 입술 떨기   **4.29. 시각적 피드백**

1. **4.18. 입술 떨기** 내용을 참고하여 입술의 불필요한 긴장을 이완시킵니다.
2. **4.29. 시각적 피드백**을 참고하여 입꼬리에 힘을 주지 않고 다음 모음을 발음합니다.
   /이/, /에/, /아/, /이-에/, /에-아/, /아-이/

| 입술 긴장 완화를 위한 단어

4.29. 시각적 피드백을 참고하여 입술 긴장을 이완하고 다음 단어를 발음합니다.

- 미만, 마미, 매미, 배반, 빈배, 밤비
- 난리, 내일, 니나, 디딤, 대디, 다담

- 이의, 아이, 애인, 기간, 가계, 계기

| 입술 긴장 완화를 위한 연습 문장

입꼬리에 힘을 빼고 읽어주세요.

set. A

미리 가 있자

미시시피강에 간다

매대에 바지를 쌓았다

메아리 치는 산

마가린에 잘 맞는 식빵

맛이 좋아 망하지 않는 식당

닉네임이 재밌는 게임

니가 시작한 일이다

내딛고 함께 나아가

내 낡은 서랍 속의 바다

나방이 방 안에 있다

낙담하지 마세요

비린 냄새가 나는 빙어

빙판길에 앞 차와 부딪힐 뻔했다

배달이 밀린 식당

백사장에 깔린 파라솔

바지가 안 맞아 큰 일이다

방에 책상과 침대를 두었다

디데이가 다가온다

디지털 카메라로 사진 찍는다

대기실이 좁은 옛날 가게

대비가 심한 이브닝 드레스

달리기가 자신 있는 어린이

다리미로 바지를 다리다

기미가 갑자기 피부에 생겼다

기다리기 지칠 땐 카페에 간다

개인택시가 나에게 더 친절하다

게는 다리부터 딱지까지 다 먹는다

가리비는 바다 깊은 곳에 산다

갈매기 한 마리가 따라온다

아라비카 원두로 내린 아메리카노

아기가 배밀이를 힘차게 한다

| 응용 문장

입꼬리에 힘을 빼고 읽어주세요

입이 마를 땐 립밤을 발라 입에 윤기를 더 해 줄 수 있다. 립밤이 발라진 입을 '맘맘맘' 움직이면 립밤이 입술에 고르게 발라진다.

| 실전 문장

입술 긴장 완화를 위한 발음의 요소를 찾았나요? 해당 발음을 넣어보며 자신만의 실전 문장을 만들고 따라 연습해 보세요.

1. _____

_____

2. _____

_____

3. _____

_____

5.11. 소리를 앞으로 보내기 위한 실전 연습

소리의 방향이 앞으로 향하면 말의 전달력이 더 높아집니다. 전설모음과 전방성 자질을 가진 자음은 소리를 앞으로 보내는데 도움을 줍니다. 연습은 전설모음(/ㅣ/, /ㅐ/, /ㅏ/)과 전방성 자음(/ㅁ/,/ㅂ/,/ㅍ/,/ㅃ/,/ㄴ/,/ㄹ/,/ㄷ/, /ㅌ/,/ㅅ/,/ㅆ/)으로 만들어진 단어와 문장으로 구성하였습니다. 연습을 통해 소리를 앞으로 보내는 감각을 익혀보세요.

연습에 도움되는 리부트 테크닉

| 4.6. 허밍 | 4.3. 반폐성도 기법 |

1. **4.6. 허밍**의 혀 내밀기 허밍으로 소리의 방향을 앞으로 보냅니다.
2. 혀 내밀기 허밍으로 /mimimi/를 발음하여 전방화된 발음을 유도합니다.
3. **4.3. 반폐성도 기법**을 참고하여 구강압력을 유지하며 배출되는 호흡을 통해 앞으로 보내지는 소리 감각을 익힐 수도 있습니다.

| 소리를 앞으로 보내기 위한 단어

4.6. 허밍의 혀 내밀기 허밍 후 허밍의 안정감을 유지하면서 다음 단어를 발음합니다.

- 미비, 미필, 미대, 미트, 님, 니스, 니들, 니트

4.3. 반폐성도 기법으로 볼을 가득 부풀리고 뱃고동소리를 내어 구강압력과 배출되는 호흡을 유지하며, 다음 단어를 발음해봅니다.

- 비밀, 비데, 배프, 피디, 패딩, 폐백
- 디데이, 대비, 티비, 태백, 테이프

| 소리를 앞으로 보내기 위한 연습 문장

허밍과 반폐성도 기법에서 연습했던 발성과 동일하게 생각하며 읽어주세요.

set. A

인사는 미리 하세요

이 쪽은 이대리입니다

애들이 싫어 합니다

앰프는 다 수리됐나요?

미비한 데가 있는지 볼게요

미소가 이쁜 사람

매일 일찍 기상한다

매실의 맛은 시고 달다

니 미래는 밝다

님의 침묵을 읽는다

내일은 내일의 해가 뜬다

내 맘도 모르는 사람

비닐 봉투는 무료가 아니다

비리비리하게 마른 사람

배터리를 빌려주세요

배시시 미소 보이는 아이

D.P는 넷플릭스 드라마다

DVD를 빌리려고 대여점에 간다

대지의 신비로운 햇살

대신해 드리겠습니다

set. B

피리 부는 사나이

피로가 쌓이는 사무직

패션이 남다른 모델

패키지 상품으로 떠난 여행

티타늄으로 만든 시계

티라노사우르스가 나타났다

테이프로 상품을 붙인다

테크닉이 대단한 레슬링 선수

린스로 머리를 부드럽게 만든다

래퍼는 노래에서 말을 빨리 한다

심마니는 산삼을 캐는 사람들이다

새로운 발성을 만들어요

| 응용 문장

• 일기예보를 말씀드리겠습니다. 내일 아침엔 매서운 추위가 예상됩니다.

• 배가 드넓은 바다를 항해하고 비행기가 하늘 높이 날아간다.

| 실전 문장

소리를 앞으로 보내기 위한 발음의 요소를 찾았나요? 해당 발음을 넣어보며 자신만의 실전 문장을 만들고 따라 연습해 보세요.

1. _____

_____

2. _____

_____

3. _____

_____

5.12. 자연스러운 연음을 위한 실전 연습

발음을 과장된 입모양으로 또박또박 발음하게 되면 인위적이고 부자연스러운 발음과 발성이 될 수 있습니다. 다음 연습을 통해 자유로운 발성과 자연스러운 발음을 연습해보세요. 연습은 일상 생활에 흔히 사용되는 의성어와 문장으로 이루어져 있습니다. 발음의 위치가 비슷한 자음과 모음을 이용하여 문장을 구성하였습니다.

> **연습에 도움되는 리부트 테크닉**
>
> `4.16. 모음 순환 훈련`　　`4.21. 노래조로 말하기`
>
> 1. **4.16. 모음 순환 훈련**을 참고하여 하나의 발성에 모음을 천천히 순서대로 발음합니다.
>   / 이 – 에 – 아 – 어 – 오 – 우 – 으 – 이 /
>
> 2. **4.21. 노래조로 말하기**를 참고하여 가벼운 인사말을 발음합니다.
>   /안-녕-하-세-요/, /어-서-오-세-요/, /감-사-합-니-다/

| 자연스러운 연음을 위한 일상 문장

4.21. 노래조로 말하기로 다음 의성어와 일상 문장을 발음합니다.

- 삐용삐용, 따르릉, 치지직, 꼬끼오~
- 만나요, 달아요, 이제 자요, 꼭 가요,
- 널리 알려요, 자장 자장 잘자요, 거기로 갈게요.

| 자연스러운 연음을 위한 연습 문장

set. A

4.16. 모음 순환 훈련을 참고하여 천천히 읽습니다.

김에 밥을 싼다(ㅣ → ㅔ → ㅏ)

배차 버스가 온다(ㅐ → ㅏ → ㅓ)

자선 모임에 나간다(ㅏ → ㅓ → ㅗ)

서소문에 있어요(ㅓ → ㅗ → ㅜ)

모두 금을 모아요(ㅗ → ㅜ → ㅡ)

구름이 예쁘다(ㅜ → ㅡ → ㅣ)

그 길에 서있다(ㅡ → ㅣ → ㅔ)

미대 가서 놀았다(ㅣ → ㅐ → ㅏ → ㅓ)

배낭 넣고 나갔다(ㅐ → ㅏ → ㅓ → ㅗ)

가서 소주 먹었다(ㅏ → ㅓ → ㅗ → ㅜ)

서로 수궁했다(ㅓ → ㅗ → ㅜ → ㅡ)

모두 브이하며 찍었다(ㅗ → ㅜ → ㅡ → ㅣ)

두릅이 맛있다(ㅜ → ㅡ → ㅣ → ㅏ)

스키 가게에 간다(ㅡ → ㅣ → ㅏ → ㅐ)

실패란 없고 불끈 일어나 해낸다(ㅣ → ㅐ → ㅏ → ㅓ → ㅗ → ㅜ → ㅡ → ㅣ)

자연스러운 대화상황 문장입니다. 순서대로 읽어주세요.

어서 오세요

→ 안녕하세요

→ 미리 예약했어요

→ 어머(우와) 무슨 일이에요?

→ 여기 음식이 맛있대요

→ 그러게요, 너무 좋아요

→ 배가 조금 고프네요

→ 이제 주문할까요?

→ 어떤 걸로 드시겠어요?

→ 맛있게 드세요

→ 정말 맛이 좋아요

→ 이제 일어날까요?

→ 네, 내일 또 만나요

| 응용 문장

이 해 영화제의 여우주연상은 이영애의 것이었어요. 이영애는 오랜만에 앞에 나와 이렇게 말했어요 "매일 같이 함께 한 태우들이 있었기에 이 상을 받을 수 있었어요, 감사합니다."

┃실전 문장

자연스러운 연음을 위한 발음의 요소를 찾았나요? 해당 발음을 구성하여
자신만의 실전 문장을 만들고 따라 연습해 보세요.

1. _____

_____

2. _____

_____

3. _____

_____

VOICE REBOOT

6

자주 묻는 질문들,
궁금증에 답하다

Q & A

발성 훈련을 하다 보면 누구나 한 번쯤은 "이렇게 해도 되는 걸까?", "내가 뭔가 잘못하고 있는 건 아닐까?" 하는 생각이 들게 마련입니다. 훈련 중 느끼는 여러 감각이나 변화는 낯설고 헷갈릴 수 있습니다. 이 챕터는 그런 고민과 의문에 대해, 많은 사람들이 공통적으로 던졌던 질문과 그에 대한 답을 모아 놓았습니다.

이 질문들은 실제로 자주 받았던 질문들을 중심으로 구성되어 있어, 혼자 연습할 때 겪을 수 있는 의문점을 해소하는 데 도움이 될 것입니다. 이 챕터가 막막함을 느끼고 있는 분들, 감각 변화에 불안함 또는 궁금함이 있는 분들에게 든든한 길잡이가 되기를 바랍니다.

Q. 말씀하신 내용이 머리로는 이해가 되는데, 몸이 잘 따라주지 않아서 어렵네요.

발성을 잘하려면 먼저 **발성 기관의 감각을 느끼는 것이 중요합니다.** 하지만 발성 기관은 몸속에 있어서 눈으로 직접 볼 수 없고, 아주 미세한 근육 움직임만으로도 소리가 달라지기 때문에 감각을 익히기가 쉽지 않아요.

그렇다고 너무 걱정할 필요는 없습니다. **우리 몸은 스스로의 움직임을 느끼는 능력을 가지고 있어요.** 예를 들어볼까요? 눈을 감고 한쪽 팔을 들어보세요. 눈으로 보지 않아도 팔이 어느 정도 위치에 있는지 알 수 있죠? 이런 감각을 '고유수용감각(자기수용성 감각)'이라고 합니다.

발성 훈련을 처음 시작하는 분들은 **발성 기관에 대한 고유수용감각이 부족한 경우가 많아요.** 즉, 성대가 벌어졌는지, 목이 조이고 있는지, 혀에 힘을 주고 있는지 등의 것들을 정확히 인지하지 못하는 것이죠. 그런 의미에서 음성치료 기법중에서도 고유수용감각의 인식을 강조하는 치료법도 있습니다.[41] 이런 감각들이 처음에는 어색하겠지만, 처음 운동을 배울 때 어색한 느낌이 드는 것과 같이 자연스러운 과정입니다. **차근차근 감각을 익히며 훈련을 하다 보면 점점 더 몸이 반응하게 될 겁니다.** 그러니 너무 조급해하지 말고, 꾸준히 연습해보세요!

Q. 연습을 열심히 하고 있는데도 변화가 없고, 무엇이 다른지 모르겠어요.

먼저, 현재 하고 있는 연습의 목적이 무엇인지 한 번 생각해볼까요? 입술 떨기를 하고 있다면, 입술의 이완이 목적인지, 소리의 초점을 맞추는 것이 목적인지, 호흡의 부드러운 배출이 목적인지에 따라 연습의 방향이 달라집니다. **연습의 목적이 불분명하면, 본인의 소리가 어떻게 변하고 있는지도 제대로 느끼기 어려울 수 있어요.**

발성 연습에서 중요한 것은 어떤 테크닉을 쓰는지보다, 왜 이 훈련을 하고 있는지를 **명확히 아는 것**입니다. 같은 훈련이라드 목적에 따라 활용법이 달라질 수 있기 때문이에요. 연습을 열심히 하는데도 개선이 없는 경우, 그저 횟수를 채우는 것처럼 반복 연습을 하고 있는 경우가 많아요. 하지만 발성 연습은 단순한 반복이 아니라 **정확도를 높여가는 과정**입니다. 비유하자면, 양궁이나 사격처럼 과녁을 정확하게 맞춰가는 것과 비슷해요.

처음에는 과녁을 벗어나던 소리가 점점 중심으로 향하게 되고, 5점짜리 소리가 6점, 8점, 10점으로 개선되는 과정이죠. 연습할 때는 단순히 소리를 내는 것이 아니라, 내가 낸 소리가 몇 점 정도 되는지 스스로 평가해보는 과정이 필요합니다. 호흡이 편안한지, 음질이 깨끗한지, 공명감이 충분한지, 거리감이 있는지 등 이런 요소들을 점검하며 연습해보세요. 만약 올바른 소리의 기준을 정하는 것이 어렵다면, 가까운 음성 치료사나 발성 전문가와 상담하는 것도 좋은 방법입니다. 소리의 변화를 더 세밀하게 인식할 수 있도록 도움을 받을 수 있어요.

꾸준히 연습하면서도, **그 과정에서 변화를 인지하는 것이 중요합니다.** 그러니 앞으로는 '얼마나 연습했느냐'보다 '어떻게 연습했느냐'에 집중해보세요!

Q. 챕터1 '목소리 바로 알기' 체크리스트의 모든 주제에서 1~2점이 나왔어요. 모든 부분에서 문제가 있는 것 같은데, 어떤 것부터 연습해야 할까요?

먼저 발성에 많은 어려움에도 불구하고 이 책을 통해 개선하려는 당신의 노력과 의지에 큰 박수를 보냅니다! 발성에서 어려움이 많더라도 이렇게 스스로 체크하고 개선하려는 과정이 가장 중요합니다.

발성에서 가장 큰 문제가 되는 부분부터 연습하는 것이 좋지만, **특별히**

어디서부터 시작해야 할지 모르겠다면, 다음 순서대로 점검하며 연습해보는 것이 좋습니다.

심리 → 자세 → 호흡 → 발성 → 공명 → 발음

발성이 이루어지는 과정을 순서대로 정리하면, 좋은 발성을 원한다는 마음이 먼저이고, 바른 자세를 통해 몸을 준비하고, 숨을 잘 배출하면서 성대가 진동해야 하며, 그렇게 만들어진 소리가 공명을 통해 증폭되고, 공명이 잘 된 소리가 입 안에서 발음되어 밖으로 나갑니다. 따라서 **기본적인 과정부터 하나씩 점검하면서 연습하는 것이 효과적입니다.**

각 단계별 점검 포인트

1. 심리
- 좋은 목소리를 만들고자 하는 **의지가** 가장 중요합니다.
- 내 목소리에 대해 부정적인 선입견이 있지는 않은지 점검해보세요.
- 소리를 낼 때 주저하거나 **위축되지 않는지 확인**해보세요.

2. 자세
- 구부정한 자세는 숨쉬기도 어렵게 만듭니다. 연습하기 전에 **몸이 지나치게 긴장하거나 움츠러들지 않는지 확인**하세요.
- **몸의 수축과 이완이 자연스럽게 이루어지는지 점검**하며, 너무 뻣뻣하다면 가벼운 움직임과 함께 연습하는 것도 좋습니다.

3. 호흡

- **숨을 원활하게 배출할 수 있는지** 확인하세요.
- 호흡이 너무 **낭비되지는 않는지**, 혹은 너무 **억제되고 있지는 않은지** 점검하세요.
- 소리를 내지 않고 호흡만으로 먼저 연습한 후, 부드럽게 소리를 연결해 보세요.

4. 발성

- 성대가 너무 **과하게 붙거나(조이는 느낌)**, 반대로 너무 **약해서 소리가 새지는 않는지 확인**하세요.
- 소리를 낼 때, 연습한 호흡이 갑자기 줄어들지는 않는지 체크하세요. 또렷하고 안정적인 소리를 내는 것이 목표입니다.

5. 공명

- 공명을 통해 소리를 증폭해야 합니다. **울림이 공간을 채우는 상상**을 하면서 발성해보세요.
- 공명감을 과도하게 주려고 하면 혀가 뒤로 말리면서 소리가 답답해질 수 있으니 주의하세요.

6. 발음

- **발음과 공명은 밀접한 관계가 있습니다.** 발음을 너무 강하게 하면 근육이 긴장하면서 후두가 상승하고, 공명 공간이 좁아져 울림이 줄어들 수 있습니다.

- 입모양과 입 주변의 근육을 자연스럽게 유지하면서 발음해보세요.

가장 먼저 '심리적 긴장'과 '자세'를 점검하고, 그 후에 호흡과 발성을 개선하는 것이 좋습니다. 호흡이 원활하지 않다면, 발성이나 공명, 발음 연습을 해도 효과가 잘 나타나지 않을 수 있습니다. 하나씩 차근차근 점검하면서 연습해보세요! 꾸준히 하다 보면 점점 변화가 느껴질 거예요.

Q. 소리를 잘 내면 어떤 느낌이 드나요?

좋은 발성으로 올바른 소리를 냈을 때의 느낌은 사람마다 조금씩 다를 수 있습니다. 하지만 많은 사람들이 공통적으로 경험하는 감각이 있습니다.

- 입천장, 인중, 코 주변에서 울림이 느껴진다(**그림 14. 발성 지각도** 참고).
- 목이나 어깨에 불필요한 힘이 들어가지 않고, 소리가 편안하게 나온다.
- 소리가 앞으로 뻗어나가는 듯한 느낌이 든다.
- 소리의 볼륨이 충분하고, 울림이 풍부하게 느껴진다.
- 발성할 때 몸 전체의 힘이 고르게 분배되고, 목이 아프지 않다.

좋은 발성을 사용하면 몸에서 여러 긍정적인 피드백이 오게 됩니다. 다만, 같은 감각을 느끼더라도 **개인마다 표현 방식이 다를 수 있습니다.** 그러므로 **자신만의 감각을 찾아 표현해보는 것도 감각 훈련에 도움이 됩니다.**

연습하면서 "내 소리는 어떤 느낌이지?"하고 스스로 질문해보세요. 이를 글이나 말로 정리해보면 감각을 더 섬세하게 익힐 수 있습니다.

Q. 말씀하신 감각이 가끔 느껴지긴 하지만 여전히 어렵네요. 어딘가에 힘이 부족한 것 같기도 하고, 어떨 때는 마치 소리가 막히는 느낌이 들어요.

발성에 필요한 힘을 아직 자연스럽게 조절하지 못해서 그런 것 같아요. 발성 기관의 조절이 익숙하지 않은 상태에서 소리를 바꾸려고 하면, 본인이 의도하지 않은 방식으로 근육이 움직일 수도 있습니다.

이럴 때 도움이 되는 것이 **발성의 네 가지 밸브**를 이해하고 다루는 훈련입니다. 네 가지 밸브와 훈련법은 다음과 같습니다.

- 성대 / 4.24. **보컬프라이**
- 연구개 / 4.25. **연인두 근육 운동**
- 혀 / 4.15. **혀 떨기**
- 입술 / 4.18. **입술 떨기**

이 훈련들은 기본적으로 **호흡의 배출과 밸브의 적절한 긴장 상태를 확인하는 과정**이에요. 밸브에 힘이 부족하면 발성을 할 때 충분한 에너지를 쓰지 못하고, 반대로 너무 긴장하면 소리가 조여지거나 막히면서 브레이크가 걸릴 수 있어요. 따라서 **각 밸브를 구분해서 느끼고, 소리를 내보는 연습**을 해보세요. 힘을 조절하는 데 큰 도움이 될 거예요.

Q. 복부에 적당한 힘이라는 것은 어느정도이고 어떻게 힘을 줘야하나요?

우리는 물건을 들 때 무게를 정확히 계산하지 않아도 자연스럽게 적절한 힘을 사용합니다. 즉, 무의식적으로 무게에 맞춰 힘을 조절하는 것이죠. 발성도 마찬가지입니다. 그래서 미리 복부의 힘을 계산하기 보다는, 소리를 내면서 몸이 어떻게 반응하는지를 느끼는 것이 좋은 훈련이 됩니다.

하지만 잘못된 호흡 패턴이 습관화된 경우, 복부의 힘을 제대로 느끼는 훈련이 필요합니다. 가장 간단한 방법은 **아기의 호흡**을 떠올려 보는 것입니다. 아기들은 숨을 쉴 때 배가 부드럽고 자연스럽게 부풀어 있으며, 숨을 내쉴 때 배를 조이거나 당기지 않습니다. 이처럼 부드러우면서도 자연스럽게 팽창하는 상태가 올바르게 숨쉴 때의 복부 움직임입니다. 아래 내용을 참고하여 배를 내민 상태에서 숨을 쉬는 연습을 해보세요.

- 숨을 들이쉴 때 배가 자연스럽게 부풀어 오릅니다.
- 숨을 내쉴 때도 배를 억지로 집어넣지 않고 부드럽게 유지합니다.
- 호흡 과정에서 복부의 움직임이 크지 않도록 하면서, 일정한 복압이 유지되는지 느껴봅니다.

이러한 호흡법을 IAP Intra Abdominal Pressure **호흡법**이라고 하며, 물리치료 이론인 DNS Dynamic Neuromuscular Stabilization에서도 활용됩니다. 복부에 과도한 힘을 주어 단단하게 만드는 것은 자연스럽지 않으므로 주의하세요. 몸이 긴장하지 않도록 편안한 상태에서 연습하는 것이 중요합니다.

꾸준히 호흡 훈련을 하면 복압이 자연스럽게 형성되고, 발성을 할 때도 목표하는 소리에 맞게 적절한 힘을 사용할 수 있게 됩니다. **이때 중요한 것은 복부에 힘을 주려고 애쓰기보다, 복부의 힘을 자연스럽게 느끼는 것입니다.** 혹은 힘 자체를 신경 쓰지 않고, 내가 내는 소리에만 집중하는 것도 좋은 방법입니다.

Q. 조금씩 되는 것 같기도 해요. 매번 느낌이 조금씩 다른데, 아직 그 차이가 뭔지 잘 모르겠어요.

발성 훈련은 **감각을 익히는 과정**이에요. 매번 느낌이 조금씩 다르게 느껴진다면, 훈련이 효과를 보고 있다는 좋은 신호입니다.

이제부터는 **감각을 좀 더 세밀하게 구분해보는 연습**을 해보세요. 예를 들어, 단순히 목에 힘을 준다고 생각하기보다 성대를 붙였다가 떼보거나, 목구멍을 닫았다가 열어보거나, 입술과 턱에 힘이 들어가는지 등 여러가지의 감각을 세밀하게 느껴보세요. 또한 힘을 '줬다'와 '뺐다'로만 구분하는 대신, 힘의 강도를 10단계 정도로 나눠보면 더 정교한 감각을 익힐 수 있습니다.

이런 연습을 꾸준히 하다 보면, 처음엔 막연했던 감각이 점점 또렷해지고, 미묘한 차이까지도 구분할 수 있게 될 거예요. 그러니 지금처럼 계속 감각을 살피면서 연습해보세요!

Q. 소리에서 '거리감을 준다'는 말이 잘 이해되지 않습니다. 소리를 멀리 보내려고 해도 오히려 억지로 힘만 주게 되는 것 같아요.

소리를 멀리 보내려고 하는데도 힘이 제대로 실리지 않고 억지로 힘을 주는 느낌이 든다면, **발성을 시작할 때에 충분한 준비가 되지 않은 상태에서 소리를 내고 있기 때문**일 가능성이 큽니다. 발성을 할 때 적절한 긴장이 없이 소리를 내면, 에너지가 실리지 않으면서 거리감이 잘 형성되지 않을 수 있어요. 이를 해결하기 위해 '예비부하' 개념을 이해하면 도움이 됩니다.

어떤 **근육이든 완전히 이완된 상태에서는 순간적으로 최대 힘을 발휘할 수 없습니다.** 무거운 물건을 들기 전에 자연스럽게 팔에 약간의 힘이 들어가는 것을 생각해보세요. 이처럼 발성을 할 때도 완전히 힘을 뺀 상태에서 시작하는 것이 아니라, 적절한 긴장 상태에서 소리를 내야 합니다.

성대의 예비부하를 느껴보는 방법 중 가장 간단한 방법은 가볍게 숨을 참아보는 것입니다. 숨을 가볍게 내뱉는 동시에 순간적으로 참아보면 성대가 붙는 감각을 느낄 수 있습니다. 너무 강하게 참지 말고, 살짝 멈춘다는 느낌으로 숨을 참아보세요. 그렇게 성대가 맞닿은 감각과 후두근육의 적절한 예비부하가 느껴진다면, 붙어있는 성대를 떼지 말고 그 상태에서 바로 소리를 내보세요.

발성에 대해 이야기 할 때 목에 힘을 빼고 소리내라는 이야기를 많이 듣습니다. 오히려 복부의 힘을 쓰라는 말을 많이 하지요. 그러나 모든 것에는 중간이 있습니다. 복부의 힘을 적절히 써야하듯이, 성대의 힘도 필요한 만큼 써야합니다. 발성에 알맞은 성대의 힘을 느끼며 연습해보세요.

Q. 성격도 발성에 영향을 주나요? 제가 내성적인 성격이라 소리를 잘 못 내는 게 아닐까 하는 생각이 드네요.

어느 정도 영향을 줄 수 있지만, 충분히 바꿀 수 있습니다. 실제로 병원에서도 목소리가 작고, 떨리는 증상으로 찾아오시는 분들이 있습니다. 이런 분들은 대체로 자신의 목소리를 작게 내는 습관이 있거나, 목소리가 크면 남에게 피해를 줄 거라고 생각하는 경우가 많아요. 그래서 발성 훈련을 할 때도 처음에는 충분한 볼륨을 내는 것을 어려워하시곤 합니다.

그렇다면 어떻게 개선할 수 있을까요? 아래 내용들을 참고하여 점진적으로 목소리를 변화시킬 수 있습니다.

- 훈련할 때 소리를 **자신 있게, 충분한 볼륨**으로 내는 것부터 시작하세요.
- **적극적이고 밝은 표정을 지어보세요.** 내성적인 분들은 발성할 때 무의식적으로 피곤하거나 힘이 빠진 표정을 짓는 경우가 많습니다.
- 눈을 크게 뜨고, 입도 자연스럽게 열어보세요. 발성기관뿐만 아니라 **몸 전체를 연다는 기분**으로 소리 내보세요.
- 소리가 자연스럽게 주변으로 퍼져나간다고 상상해 보세요. 제스쳐를 통해 소리가 나가는 것을 표현해 보는 것도 좋아요.[42] '내가 지금 내는 소리가 공간을 가득 채운다'고 생각하고 소리내보세요.

내성적인 성격이라도 연습을 통해 발성 습관을 바꿀 수 있습니다. 처음에는 어색하겠지만, 꾸준히 연습하면 점점 더 자신 있는 목소리를 낼 수 있을 것입니다.

Q. 평소에 힘을 뺀 발성을 해왔는데, 연습을 하다 보니 힘을 과하게 주는 느낌이 들어요. 혹시 무리하고 있는 건 아닌가요?

평소 성대 감각을 잘 느끼지 못하셨던 분이라면, **성대가 제대로 붙는 감각을 과도한 긴장으로 오해할 수 있습니다.** 이것은 마치 늘 구부정한 자세를 유지하던 사람이 허리를 바르게 폈을 때 처음에는 불편함이나 피로감을 느끼는 것과 비슷합니다.

하지만 주의할 점도 있습니다. 훈련 초반에는 실제로 과도한 긴장으로 인해 쥐어짜는 듯한 소리가 날 수 있습니다. 그래서 연습할 때는 '**힘을 너무 세게 주고 있지는 않은지**', '**성대가 제대로 붙어 있는지**'를 **구분해보는 것이 중요합니다.** 연습 후 목이 쉽게 쉬거나 아프다면, 힘이 지나치게 들어가고 있을 가능성이 큽니다. 이럴 땐 힘을 조금씩 줄여가며, 목이 편안하게 느껴지는 지점을 찾아보세요. 처음엔 다소 어색하고 힘이 들어가는 듯 느껴질 수 있지만, 점차 자연스럽고 균형 잡힌 발성으로 조절될 수 있습니다.

Q. 저는 여자지만, 이 소리를 내면 제 목소리가 남자처럼 들리는 것 같아요. 연습한 소리가 편하고 시원한데, 아직은 저랑 안 어울리는 느낌이에요.

평소에 공명감이 부족하고 빈약한 목소리를 사용해왔다면, 건강한 발성으로 연습하면서 **갑작스러운 음색 변화에 어색함을 느낄 수 있어요.** 왜냐하면 공명강이 확장됨으로 인해 자연스럽게 음색이 더 깊어지고, 톤이 낮아지는 현상이 나타나기 때문이죠. 하지만 자기 목소리는 실제보다 더 낮게 느껴지는 경향이 있습니다. 즉, 본인은 평소 목소리와 너무 다르게 느껴질 수 있지만, 다른 사람들에게는 더욱 안정적이고 듣기 좋은 목소리로 들리는 경우가 많습니다.

그래도 어색함이 심하게 느껴진다면 이런 방법도 좋습니다. 첫 번째, **연습한 목소리를 녹음해서 자주 들어보는 것**입니다. 녹음된 목소리를 반복해서 들으면, 새로운 음색에 대한 어색함이 줄어들 것입니다. 두 번째, **주변 사람들에게 피드백을 받아보는 것**입니다. 자기 귀에 익숙한 목소리보다는, 듣는 사람이 편안하고 매력적으로 느끼는 목소리를 찾아보세요.

어색함이 느껴진다는 건, 그만큼 새로운 변화를 경험하고 있다는 뜻입니다. 이제는 본인의 새로운 목소리에 익숙해지는 과정이라고 생각하고, 편안한 감각을 유지하며 연습해보세요.

Q. 두성을 정확히 내기 위해서는 어떤 종류의 호흡을 사용해야 하고, 어떤

부위의 공명을 활용해야 하며, 성대 접촉률을 높이기 위해 어떤 근육이 작용하는지 과학적이고 분석적인 관점에서 알고 싶습니다.

발성을 깊이 이해하려는 태도는 정말 좋습니다! 하지만 발성은 머리로 먼저 이해하고 소리 내는 것이 아니라, **직접 소리를 내보며 몸으로 감각을 익히는 과정입니다.**

한 번도 커피를 마셔본 적 없는 사람에게 커피의 맛을 설명한다고 상상해 보세요. '쓴맛이 난다'고 표현할 수는 있지만, 커피에는 그보다 다양한 향과 풍미가 있죠. 이건 직접 마셔본 사람만이 알 수 있는 감각이며, 말로 완벽히 전달하기는 어렵습니다.

발성도 마찬가지입니다. **발성은 해본 사람만이 느낄 수 있는 섬세한 몸의 반응이 있고, 그 감각을 경험하는 것 자체가 훈련의 출발점입니다.** 많은 분들이 좋은 발성을 가진 사람들은 호흡, 공명, 근육 사용을 완벽히 이해하고 있을 것이라고 생각하지만, 오랜 경험을 가진 성악가, 배우, 교사들조차 모든 원리를 이해한 채 소리 내는 것은 아닙니다. 그들은 '호흡을 어떻게 해야 하지?', '이 근육을 써야 하나?' 하고 끊임없이 분석하기보다는, 소리의 질감, 온도, 감정, 메시지에 더 집중합니다.

전통적인 성악 교육에서도 이런 이유로 과학적 설명보다는 '소리를 멀리 보내세요', '숨을 향기맡듯이 들이마셔 보세요'같은 예술적이고 추상적인 표현을 많이 사용합니다. 처음엔 다소 추상적으로 느껴질 수 있지만, 오히려 몸이 자연스럽게 반응하고 감각을 이끌어내는 데 효과적입니다.[43] 물론 어느 정도의 해부학적, 과학적 이해는 방향을 잡는 데 도움이 됩니다. 그러나 소리 내는 순간까지도 분석에 머물면, 오히려 자연스러운 흐름을 방해할 수 있습니다.

발성은 과학으로 설명할 수 있지만, 예술로써 완성되는 것입니다. 너무 분석적으로 접근하기보다, 직접 소리를 내며 몸의 감각을 익히는 데 집중해보세요. 그 안에서 발성의 진짜 감각과 즐거움을 느낄 수 있습니다.

Q. 연습할 때는 좋은 소리가 나는 것 같은데, 계속 신경 써야 유지가 되네요. 말할 때도 계속 신경 써야 하나요?

처음에는 당연히 발성에 신경을 써야 유지할 수 있어요. 하지만 꾸준히 연습하다 보면 점점 자연스럽게 발성이 자리 잡히는 단계에 도달하게 됩니다.

이 과정을 이해하기 쉽게 설명한 개념이 있습니다. **학습 단계**(learning state)라고 하는 것으로 베이시스트 Anthony Wellington이 이 이론을 사용하여 기술 습득의 단계를 설명하기도 했습니다.

- 첫 번째, 무의식적 무능력. **아직 발성의 문제를 인식하지 못한 상태입니다.** 어떤 연습이 필요한지도 모르는 단계죠.
- 두 번째, 의식적 무능력. **자신의 발성 문제를 인식하고, 개선하려고 노력하는 단계입니다.** 하지만 이 과정이 어렵고, 아직 자연스럽지 않다고 느껴질 수 있어요.
- 세 번째, 의식적 능력. **올바른 발성을 할 수 있지만, 계속 신경을 써야 하는 단계입니다.** 이 단계에서는 연습을 할수록 소리의 질이 좋아지고, 점점 익숙해집니다.
- 네 번째, 무의식적 능력. **크게 신경 쓰지 않아도 자연스럽게 올바른 발성을 할 수 있는 상태입니다.** 이 단계가 되면 오랫동안 말하거나 노래를 불러도 목이 쉬지 않고 편안한 발성이 유지됩니다.

발성을 배워나가는 단계에 있으시다면, 가볍게 감각을 점검하듯이 의식을 유지해 보세요. 반복적인 연습을 통해 이러한 과정이 점차 자동화되면, 무의식적으로도 안정된 발성이 가능해지는 단계에 도달하게 될 것입니다.

Q. 비강공명과 비음의 차이가 뭔가요? 비음(콧소리)을 줄이라는 이야기도 있고 비강 공명을 쓰라는 이야기도 있어서 구분이 어려워요.

좋은 질문이에요! 비강 공명과 비음은 비슷하게 들릴 수 있지만, 정확히 따져보면 조금 차이가 있습니다. **먼저 비음은 사전적으로 연구개가 내려가면서 비강으로 공기가 통하는 상태에서 나는 소리를 말해요.** 반면, 비강 공명은 단순히 비음이 아니라, 소리가 비강에서 울리는 공명을 의미합니다.

공명에는 여러 가지 종류가 있습니다.

- 공명 (입에서 울리는 소리)
- 인두강 공명 (목에서 울리는 소리)
- 비강 공명 (코에서 울리는 소리)

자음의 경우 'ㅁ, ㄴ, ㅇ' 같이 비음을 사용하는 비자음과 그렇지 않은 구강음으로 나뉘지만, 모음은 여러 공명이 함께 사용돼요. 결과적으로 말소리에서는 단순히 비음을 쓰냐 안쓰냐 보다는 다른 공명들과의 조화가 중요합니다.

그렇다면 콧소리가 심하다는 건 뭘까요? **다른 공명보다 비강공명의 비율이 과도하게 높으면 우리가 흔히 말하는 '콧소리가 심하다'는 느낌이 들게 됩니다.** 그래서 콧소리가 거슬린다고 해서 비강공명을 완전히 없애려 하지 말고, 적절한 비율로 조절하는 것이 중요합니다. 만약 자신이 콧소리를 내고 있는지 알기 어렵다면 '아'소리를 내면서 코를 막았다 떼었다 해보세요. 콧소리가 심한 경우 코를 막으면 코막힌 소리가 나올 것입니다.

비음과 비강공명은 사전적으로는 차이가 있지만, 실제 발성 교육에서는 비슷한 의미로 사용되는 경우가 많습니다. **만약 '비음이 심하다', '비음을 줄여라' 라는 말을 들었다면, 이는 '비강공명이 과도하다' 또는 '구강 공명, 인두강 공명을 적게 쓴다'로 이해하시면 됩니다.** 일상적인 대화에서는 이 둘을 크게 구분하지 않아도 괜찮습니다.

Q. 선생님과 함께 연습할 때는 잘 되는데, 혼자 연습하면 잘 안돼요.

그런 경험을 하는 분들이 많아요! 특히 훈련 초반에는 연습했던 소리의 느낌을 놓치면서 처음 의도했던 소리와 다르게 변할 수도 있습니다. 또한 연습 내용을 적어가더라도 소리의 뉘앙스가 달라지거나 발음 중심으로 연습하게 될 수 있어요. 아래 내용을 참고해서 훈련해보세요.

첫 번째, **훈련 과정을 녹음해 보세요.** 선생님과 연습할 때 녹음을 해두면, 나중에 혼자 연습할 때도 비슷한 소리를 찾는 데 도움이 됩니다.

두 번째, **선생님께 영상 자료를 요청해 보세요.** 훈련이 끝난 후, 보면서 따라 할 수 있는 영상을 요청하면 연습할 때 더 정확한 감각을 유지할 수 있어요. 영상에서는 소리와 함께 제스쳐나 표정 등의 시각적 단서들도 포함되기 때문에 더욱 좋습니다.

세 번째, 온라인 자료를 활용해 보세요. 만약 개인적으로 배우고 있는 선생님이 없고 책으로만 배우고 있는 분이라면, 저희 **'안대성의 보이스 리부트' 유튜브 채널의 영상을 참고**하면 도움이 될 거예요!

Q. 유튜브에서 발성에 좋다고 하는 영상을 봤습니다. 함께 연습해도 도움이 될까요?

최근 많은 분들이 묻는 질문입니다. 요즘 유튜브에는 다양한 발성 관련 영상이 많아서, 관심을 갖고 찾아보시는 것만으로도 발성에 대한 이해를 넓히는 데 큰 도움이 될 거예요.

다만, 발성을 가르치는 방식은 선생님마다 다를 수 있어요. 많은 유튜브 영상이 대중음악(가창) 중심의 보컬 트레이닝에 초점을 맞추고 있다는 점을 기억해야 합니다. 즉, 이런 영상들은 **재활이나 스피치 발성과는 접근 방식이 다를 수 있어요.**

발성과 창법은 조금 다른 개념이에요. 발성법은 소리를 건강하고 안정적으로 내는 방법이에요. 체계적인 규칙이 있고, 어떤 음정이나 발음에도 적용할 수 있어서 장기적으로도 지속 가능성이 높습니다. 반면, 창법은 노래 스타일을 표현하는 방식이에요. 개성을 살리고 자유롭게 소리를 내는 것이 가능하지만, 사람에 따라 맞지 않을 수 있고 체계적인 발성법이 뒷받침되지 않으면 목에 무리가 가기도 합니다.

발성법	창법
표현보다는 규칙과 체계에 중점을 둔다	자유로운 음악적 표현에 중점을 둔다
여러 음정이나 발음에 모두 적용할 수 있다	특정 발음이나 음도수준에만 적용할 수 있다
보편성과 지속가능성이 있다	사람에 따라 안되는 경우도 있고, 목이 쉽게 상하는 경우가 많다

예를 들어, 유튜브에서 흔히 볼 수 있는 '3옥타브 솔음 쉽게 올리는 법' 같은 영상은 특정한 문제를 해결하는 데 도움이 될 수 있지만, 근본적인 발성 능력을 길러주는 것은 아닐 수도 있습니다.

물론 유튜브 영상이 전혀 도움이 안 된다는 건 아니에요. **중요한 건 어떤 발성법이든 기본 원리를 해치지 않고, 자신의 목표에 잘 맞는지를 따져보며 선택하는 거예요.** 기초가 잘 다져져 있다면, 이후에 다양한 스타일도 훨씬 자연스럽게 표현할 수 있습니다.

좋은 발성을 만들어가는 과정은 단순히 테크닉을 익히는 것보다 더 중요한 의미를 가져요. 다양한 방법을 시도하면서도, 결국 내 몸에 맞고, 장기적으로 건강한 소리를 낼 수 있는 방법을 찾아가는 과정이니까요. 스스로에게 가장 좋은 방향을 찾는다는 마음으로 연습을 이어가 보세요!

Q. 저는 가수도 아니고 말하는 목소리만 좋아지면 되는데, 스케일 훈련이 꼭 필요한가요?

노래를 부를 게 아니라면 스케일 훈련이 필요할까 싶을 수 있지만, 사실 말에서도 음정은 중요한 역할을 합니다. **음정은 단순히 높고 낮은 소리만을 의미하는 것이 아니라, 감정을 표현하고 메시지를 효과적으로 전달하는 데 중요한 요소입니다.** 강조의 역할을 하기도 하고, 몇몇 언어(예: 성조 언어)에서는 음높이에 따라 의미 자체가 달라지기도 합니다. 또한, 연구에 따르면 음정을 인식하는 능력이 부족한 경우 일상적인 의사소통에도 어려움을 겪을 가능성이 있다고 합니다.[44]

발성 훈련에서도 음정은 중요한 역할을 합니다. 편안한 단음도(한 음 높이)에서는 소리를 잘 내지만, 음정이 변하거나 조금 더 높은 음역대로 가게 되면 평소보다 발성이 어려워지는 경우가 많습니다. 이는 목소리를 유연하게 조절하는 능력이 아직 충분히 길러지지 않았기 때문이에요.

말을 할 때도 상황과 감정에 따라 자연스럽게 음정이 변화합니다. 따라서 다양한 음정에서도 안정적으로 발성하는 능력이 필요합니다. 스케일 훈련과 활창 훈련은 말소리에서의 자연스러운 음정 변화를 체계적으로 연습할 수 있도록 도와주는 방법이에요. 편안한 목소리로 자유롭게 말하고 싶다면, 스케일 훈련이 큰 도움이 될 것입니다.

Q. 목소리가 좋아진 것 같아요. 이렇게 하다 보면 노래도 잘할 수 있나요?

물론입니다! 스피치 발성과 노래 발성은 기본 원리가 다르지 않아요. 호흡이 나가면서 성대를 진동시키고, 공명강에서 증폭된 소리가 조음기관을 통해 발음되는 과정은 말할 때나 노래할 때나 같습니다. 다만, 노래할 때는 음정 변화가 더 크고, 음악적 표현을 위해 소리를 더 극적으로 다뤄야 한다는 차이가 있을 뿐입니다.

노래를 잘 부르기 위해서는 성대의 길이를 조절하며 음정을 변화시키고, 여러 근육들이 적절한 에너지를 만들어내는 과정이 필요합니다. 이 과정은 스피치 발성에서도 자연스럽게 이루어지기 때문에, 발성이 안정되면 노래도 훨씬 수월해질 수 있습니다.

실제로 가창에서 유명한 격언 중 '**말하듯이 노래하라**'라는 말이 있습니다. 반대로, 음성치료 기법 중에는 '**노랫조로 말하기**'라는 기법도 있어요. 이 두 가지가 서로 모순되는 것처럼 보이지만, 사실 **같은 원리를 기반으로 하고 있기 때문**입니다. 즉, 말하는 발성과 노래하는 발성은 근본적으로 다르지 않다는 의미입니다.

장르 발성도 마찬가지예요. 한 가지 올바른 발성을 기반으로, 어떤 스타일로 표현하느냐에 따라 성악, 뮤지컬, 대중가요 등 다양한 장르로 확장될 수 있습니다. 중요한 것은 기본 발성을 단단하게 다지고, 그 위에서 자신에게 맞는 스타일을 찾는 것입니다. 먼저 기본적인 발성을 잘 익히고 나면, 노래에서도 더 좋은 소리를 낼 수 있게 될 거예요.

Q. 완벽한 발성을 가지려면 얼마나 배워야 하나요?

처음 겪는 문제에 부딪히면 그 문제를 해결하는 과정이 얼마나 힘들지 막연한 두려움이 들 수 있죠. 우리에게 자주 일어날 수 있는 문제로 예를 들어보겠습니다. 이 질문은 마치 영어 학원에 가서 "얼마나 배우면 영어를 잘할 수 있나요?" 라고 묻는 것과 비슷해요. 아마 "레벨 테스트를 해봐야 알 수 있습니다" 또는 "얼마나 열심히 공부하는지에 따라 달라집니다" 같은 답변을 듣게 될 거예요. 발성도 마찬가지입니다.

사람마다 현재 발성 능력, 감각을 느끼는 능력(고유수용감각), 발성 훈련에 대한 동기 등이 다 다르기 때문에 **배우는 데 걸리는 시간도 크게 달라질 수 있습니다.** 운동을 배울 때 누군가는 빠르게 배우고, 누군가는 더디게 배우는 것처럼요. 그게 꼭 내가 못해서 라기보다는, 오랜 시간 굳어진 습관을 바꾸는 데 시간이 필요하기 때문입니다.

'머슬 메모리(muscle memory, 근육 기억)'라는 개념이 있습니다. 이는 두 가지 의미로 사용되는데, 첫 번째는 운동을 오래 쉬었다가 다시 시작해도 비교적 빠르게 원래의 상태로 돌아올 수 있다는 것이고, 두 번째는 반복적인 연습을 통해 몸이 기억하게 된다는 것입니다. 대표적인 예가 자전거 타기예요. 한 번 배워두면 오랫동안 타지 않다가도 쉽게 다시 탈 수 있죠.

발성은 반복 연습을 통해 몸이 기억하게 만들어야 해요. 하지만 몸이 기억하게 만들기까지 걸리는 시간이 사람에 따라 다를 수 있어요. 안좋은 습관이 있는 경우는 더욱 어렵죠. **그러나 시간이 걸린다 뿐이지 결국에는 누구나 좋은 발성에 익숙해 질 수 있습니다.** 중요한 건 내 목소리가 좋아지고 있는지 느끼는 것이에요. 발성 훈련을 통해 꾸준한 변화를 경험하고 있다면, 이미 좋은 방향으로 나아가고 있는 겁니다. 보이스 리부트와 함께 발성을 바꾸어 보아요!

7

부록

Appendix

7.1.
음성분석 어플리케이션에 관하여

7.1.1. Voice tools

7.1.1.1 음정 피드백

1) Voice tools를 실행하여 화면 하단의 Pitch 부분을 클릭합니다.

2) 편안한 톤으로 /아/소리를 5초 이상 내거나 간단한 인사말이나 자기소개를 합니다.

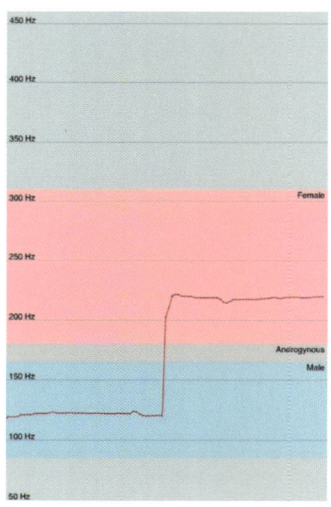

3) 소리를 냈을 때 화면에 나타나는 빨간색 선이 자신의 음정입니다.

프로그램에서 설명하는 파란색 범위는 남성의 평균 발화 음정 범위이며 빨간색 범위는 여성의 평균 발화 음정 범위입니다.

4) **4.4 활창**이나 **4.5 스케일 훈련**에서 자신의 음정을 실시간으로 확인하며 연습할 수 있습니다.

7.1.1.2 볼륨 피드백

1) Voice tools를 실행하여 화면 하단의 Volume 부분을 클릭합니다.

2) 핸드폰의 마이크 부분을 입에서 45도 각도로 5~10cm 간격을 두고 /아/소리를 5초 이상 내거나 간단한 인사말 또는 자기소개를 합니다.

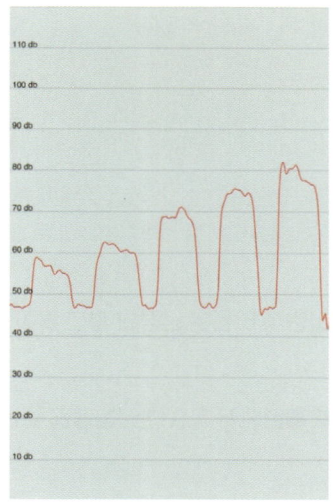

3) 소리를 내거나 말을 했을 때 화면에 나타나는 빨간색 선이 자신의 볼륨입니다.
   일반적으로 속삭이듯 작은 소리는 30dB, 대화 음성은 50~60dB, 소리지르기는 80dB 이상에 빨간색 선이 위치합니다.

4) **5.6 목소리 크기와 거리감 조절을 위한 실전 연습**에서 자신의 목소리 크기를 실시간으로 확인하며 연습할 수 있습니다.

7.1.1.3. 원하는 음정 듣기

1) Voice tools를 실행하여 화면 하단의 Tone 부분을 클릭합니다.

2) F#2 버튼부터 F4버튼 중 원하는 음정을 클릭하여 듣고 확인할 수 있습니다.

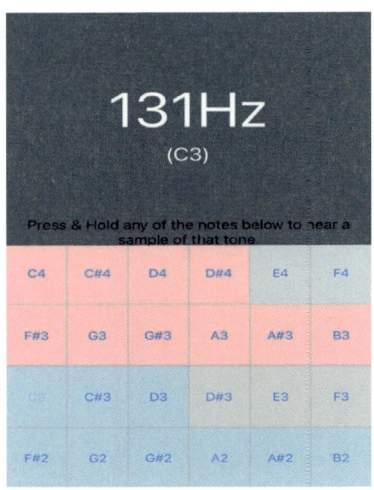

3) 프로그램에서 설명하는 파란색 버튼은 남성의 평균 발화 음정이고 빨간색 버튼은 여성의 평균 발화 음정입니다.

4) **4.4 활창**이나 **4.5 스케일 훈련**에서 목표하는 음정을 듣는 데 참고할 수 있습니다.

7.1.1.4. 문장 발화 분석

1) Voice tools를 실행하여 화면 하단의 Analysis 부분을 클릭합니다.

2) 녹음 버튼을 눌러 다음 문장을 편안하게 말합니다.

"높은 산에 올라가 맑은 공기를 마시며 소리를 지르면
가슴이 활짝 열리는 것 같다.
바닷가에 나가 조개를 주우며 넓게 펼쳐있는 바다를 바라보면
내 마음 역시 넓어지는 것 같다."

문장을 다 읽었다면 ■ 버튼을 눌러 녹음을 종료합니다.

3) 분석 결과를 확인합니다.

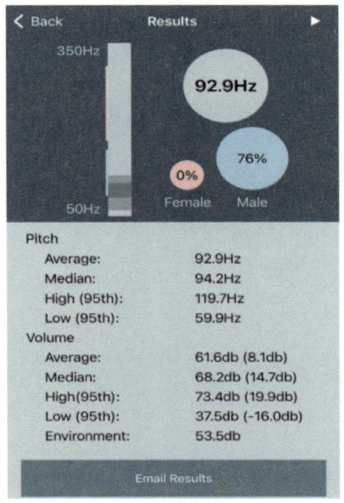

막대 그래프의 회색으로 칠해진 곳은 문장 읽기에서 분석된 주파수 범위입니다.
주파수 범위를 토대로 남성에 가까운지 여성에 가까운지 %로 분석하여 나타냅니다.
상세결과에서 Pitch의 Average는 평균 발화 주파수입니다. Median은 분석
된 음도 데이터의 중위값입니다. High는 발화 중 가장 높게 분석된 주파수입니다.

Low는 발화 중 가장 낮게 분석된 주파수입니다.

Volume의 Average는 평균 발화 강도입니다. Median은 분석된 강도데이터의 중위값입니다. High는 발화 중 가장 크게 분석된 강도입니다. Low는 발화 중 가장 작게 분석된 강도입니다.

7.1.1.5. 스펙트로그램

1) Voice tools를 실행하여 화면 하단의 More의 Spectrogram을 실행합니다.

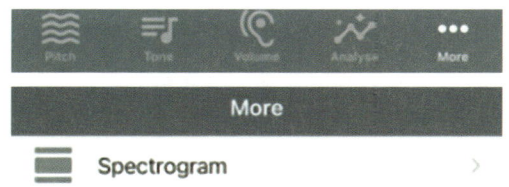

2) 편안한 톤으로 /아/소리를 5초 이상 소리 냅니다.

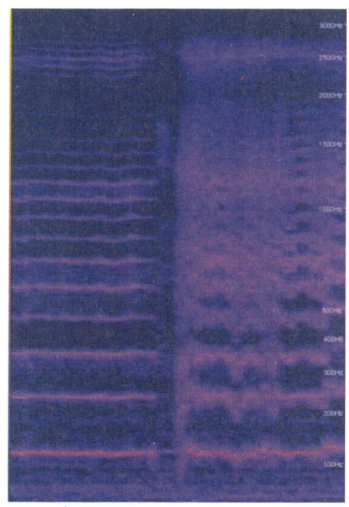

3) 소리를 냈을 때 화면에 나타나는 빨간색 선이 자신의 음형대(공명주파수)입니다.

빨간색 선이 뚜렷할수록 정확한 발음과 음질이 좋은 소리로 분석됩니다. (사진의 왼

쪽 그래프)

빨간색 선이 끊기거나 흐린 선으로 나타난다면 소리가 떨리거나 음질이 좋지 않아 발음이 정확하지 않은 경우 입니다. (사진의 오른쪽 그래프)

7.1.2. Metronome: Tempo Lite

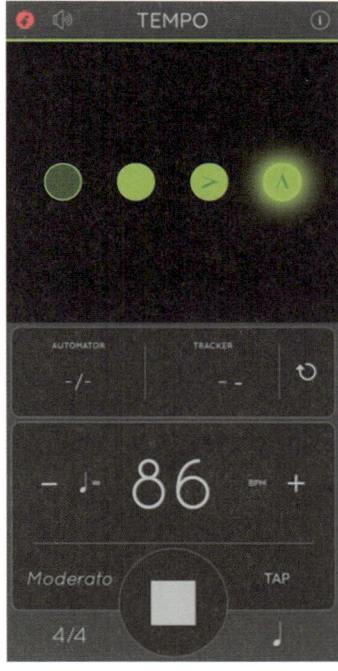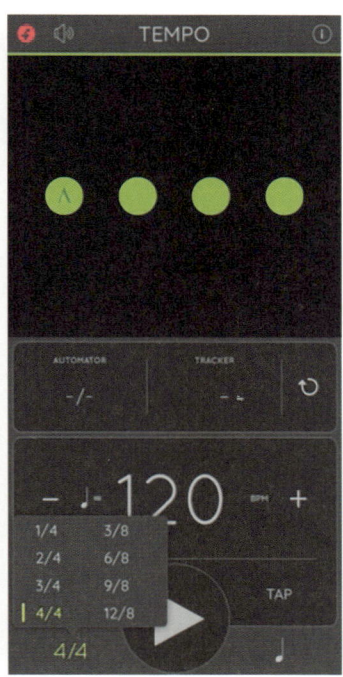

1) Metronome: Tempo를 실행하여 ▶ 버튼을 눌러 메트로놈을 작동시킵니다.

2) +, - 버튼을 클릭하여 bpm 속도를 조절할 수 있습니다.

형광색 원(음표)를 클릭하여 운율에 변화를 줄 수 있습니다.

화면의 좌측 하단의 박자를 클릭하여 형광색 원(음표)의 변화를 줄 수 있습니다.

3) **4.5 스케일 훈련**이나 **4.12 액센트 기법**에서 메트로놈을 활용하여 연습에 적용할 수 있습니다.

7.2.
발성 연습 워크북

7.2.1. 나의 발성 목표

성공적인 발성 연습은 원하는 목표가 분명할 때 달성할 수 있습니다. 아래 질문에 답변을 작성하여 자신만의 발성 목표를 만들어보세요.

1) 현재 나의 발성 고민은?

Ex. 오래 말하면 쉰 목소리가 난다, 고음이 어렵다, 목소리가 떨린다 등.

_____

_____

_____

2) 발성 고민이 생기게 된 이유는?

Ex. 발표 때마다 목소리가 떨리는게 부끄러워서, 노래만 부르면 음이탈이 나는게 민망해서, 말을 오래하는 직업인데 목이 쉬면 생계가 힘들어서 등.

_____

_____

_____

3) 발성 고민을 해결하기 위해 노력했던 것은?

Ex. 복식 호흡 연습을 했다. 보컬 레슨을 받았다. 소리를 멀리 내보는 연습을 했다. 정확한 발음 연습을 했다 등.

_____

_____

_____

4) 발성 연습을 통해 이루고 싶은 목표는?

Ex. 지치지 않는 목소리, 원하는 노래 완창하기, 떨리지 않는 목소리 등.

_____

_____

_____

5) 발성 목표를 이룬 뒤 기대할 수 있는 변화는?

Ex. 어떤 발표라도 목소리걱정을 안 할 것 같다. 노래 부를 때 선곡에 구애받지 않을 것 같다. 좋은 목소리로 사람들에게 신뢰를 받을 것 같다 등.

_____

_____

_____

7.2.2. 나의 발성 계획

자신의 발성을 측정하고 기록하는 것은 발성 연습에서 더 나은 발성을 위한 동기부여가 됩니다. 자가 측정할 수 있는 항목들만 작성하시기 바랍니다.

1) 나의 전반적 목소리 상태는?

1장 목소리 바로 알기의 문항을 체크한 뒤 Good 개수를 참고하여 자신만의 도형을 만드시기 바랍니다.

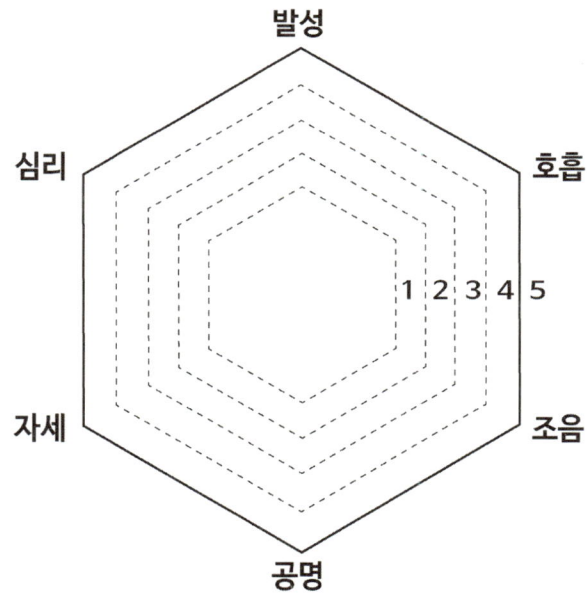

2) 나에게 필요한 리부트 포인트는?

2장 리부트 포인트에서 자신에게 필요한 것을 골라 자신만의 리부트 리스트를 기록하시기 바랍니다. 자신에게 필요한 리부트 포인트가 무엇인지 모르겠다면 1장 목소리 바로 알기에서 Good 개수가 적었던 주제를 참고하시면 됩니다.

① Ex) 발성의 초점이 또렷하다
_____

② Ex) 목소리가 앞을 향해 뻗어나간다
_____

③ Ex) 발음이 명료하게 전달된다
_____

④ _____

⑤ _____

3) 나의 리부트 포인트를 완성할 연습 테크닉은?

4장 보이스 리부트 테크닉 30을 참고하여 자신에게 필요한 연습 테크닉을 기록하시기 바랍니다.

① Ex) 버징사운드
_____

② Ex) 흡기 발성
_____

③ Ex) 세미 수파인
_____

④ Ex) 허밍
_____

⑤ _____

⑥ _____

⑦ _____

7.2.3. 발성 연습 일지

Week _____   __ **월** __**주**

연습 테크닉 : ex. 버징사운드, 활창, 스케일, 흡기발성…   **연습 횟수(시간) :** ex. 10회 5분

연습 성과(진도) : ex. 소리 위치 감각을 익힘, 연장 발성을 00초 하겼음, 인사말까지 유지할 수 있음…

연습 테크닉 :   연습 횟수(시간) :

연습 성과(진도) :

연습 테크닉 :   연습 횟수(시간) :

연습 성과(진도) :

연습 테크닉 :   연습 횟수(시간) :

연습 성과(진도) :

연습 테크닉 :   연습 횟수(시간) :

연습 성과(진도) :

연습 테크닉 :   연습 횟수(시간) :

연습 성과(진도) :

연습 테크닉 :   연습 횟수(시간) :

연습 성과(진도) :

Week _____   __ **월** __ **주**

연습 테크닉 :   연습 횟수(시간) :

연습 성과(진도) :

연습 테크닉 :   연습 횟수(시간) :

연습 성과(진도) :

연습 테크닉 :   연습 횟수(시간) :

연습 성과(진도) :

연습 테크닉 :   연습 횟수(시간) :

연습 성과(진도) :

연습 테크닉 :   연습 횟수(시간) :

연습 성과(진도) :

연습 테크닉 :   연습 횟수(시간) :

연습 성과(진도) :

연습 테크닉 :   연습 횟수(시간) :

연습 성과(진도) :

효율적인 발성훈련을 위한 팁!

연습은 꾸준히 하는 것이 중요하지만, 너무 무리하면 오히려 좋지 않을 수 있어요. 매일 연습하는 건 좋은 습관이지만, 한 번에 30분 이상 길게 연습하기보다는 짧은 시간이라도 자주 연습하는 것이 훨씬 효과적입니다. 그렇게 하면 발성에 대한 감각을 자연스럽게 익혀갈 수 있어요.

연습 테크닉 :   연습 횟수(시간) :

연습 성과(진도) :

연습 테크닉 :   연습 횟수(시간) :

연습 성과(진도) :

연습 테크닉 :   연습 횟수(시간) :

연습 성과(진도) :

연습 테크닉 :   연습 횟수(시간) :

연습 성과(진도) :

연습 테크닉 :   연습 횟수(시간) :

연습 성과(진도) :

연습 테크닉 :   연습 횟수(시간) :

연습 성과(진도) :

연습 테크닉 :   연습 횟수(시간) :

연습 성과(진도) :

Q. 기분에 따라 목소리가 영향을 받나요?

A. 기분이나 감정은 단지 마음의 문제가 아니라, 발성에도 직접적인 영향을 미치는 요소입니다. 우리가 긴장하거나 초조할 때는 몸의 근육들이 무의식적으로 수축하게 되고, 그로 인해 목도 함께 조이면서 발성이 답답해질 수 있습니다. 반대로, 마음에 여유가 생기고 기분이 편안할 때는 근육들이 자연스럽게 이완되면서, 목이 열리고 더 부드럽고 안정된 목소리가 나올 가능성이 높습니다. 그래서 여러 발성 훈련법 중에는 감정 상태에 따라 몸의 이완을 유도하고, 자연스럽게 소리를 찾아가도록 돕는 '생리적 발성'이라는 접근이 있습니다. 마음이 불안하고 힘들 때는 생리적 발성을 통해 몸과 마음을 편하게 이완시켜 보세요.

연습 테크닉 :   연습 횟수(시간) :

연습 성과(진도) :

연습 테크닉 :   연습 횟수(시간) :

연습 성과(진도) :

연습 테크닉 :   연습 횟수(시간) :

연습 성과(진도) :

연습 테크닉 :   연습 횟수(시간) :

연습 성과(진도) :

연습 테크닉 :   연습 횟수(시간) :

연습 성과(진도) :

연습 테크닉 :   연습 횟수(시간) :

연습 성과(진도) :

연습 테크닉 :   연습 횟수(시간) :

연습 성과(진도) :

Q. 목에 좋지 않은 습관은 무엇이 있나요?

A. 목이 잠겼을 때 헛기침을 하거나 목청을 가다듬는 행동은 성대에 불필요한 충격을 줄 수 있어 피하는 것이 좋아요. 또 목을 아끼겠다는 생각에 속삭이듯 말하는 경우가 있는데, 오히려 성대를 더 긴장시키고 빠른 호흡으로 성대를 건조하게 만들 수 있습니다. 술, 담배, 카페인, 탄산음료 역시 성대를 마르게 하거나 역류성 질환을 유발할 수 있으니 가능한 한 줄이는 것이 좋습니다.

연습 테크닉 :   연습 횟수(시간) :

연습 성과(진도) :

연습 테크닉 :   연습 횟수(시간) :

연습 성과(진도) :

연습 테크닉 :   연습 횟수(시간) :

연습 성과(진도) :

연습 테크닉 :   연습 횟수(시간) :

연습 성과(진도) :

연습 테크닉 :   연습 횟수(시간) :

연습 성과(진도) :

연습 테크닉 :   연습 횟수(시간) :

연습 성과(진도) :

연습 테크닉 :   연습 횟수(시간) :

연습 성과(진도) :

Q. 목소리가 아침에 더 안 좋습니다. 왜 그런 건가요?

A. 아침에 목소리가 잠기거나 답답한 이유는 보통 두 가지입니다. 하나는 역류성 후두염 때문인데, 밤 사이 위산이 올라와 성대를 자극해 목소리가 잠길 수 있습니다. 이럴 땐 야식이나 늦은 식사를 피하고, 생활습관을 조절해보는 것이 좋습니다. 또 다른 이유는 수면 중 혈류가 머리 쪽으로 몰리면서 성대가 일시적으로 붓는 현상입니다. 이런 경우는 아침에만 불편하고 시간이 지나면서 자연스럽게 회복되는 편입니다. 좋은 아침 목소리를 위해서는 전날의 식습관과 수면 환경을 돌아보는 것이 중요합니다. 작은 변화만으로도 아침 목소리가 훨씬 편안해질 수 있으니, 꾸준히 실천해 보시길 권합니다.

연습 테크닉 :   연습 횟수(시간) :

연습 성과(진도) :

연습 테크닉 :   연습 횟수(시간) :

연습 성과(진도) :

연습 테크닉 :   연습 횟수(시간) :

연습 성과(진도) :

연습 테크닉 :   연습 횟수(시간) :

연습 성과(진도) :

연습 테크닉 :   연습 횟수(시간) :

연습 성과(진도) :

연습 테크닉 :   연습 횟수(시간) :

연습 성과(진도) :

연습 테크닉 :   연습 횟수(시간) :

연습 성과(진도) :

Q. 성대는 단련되는 것인가요?

A. '단련'이란 금속을 불에 달군 후 두드려서 단단하게 만드는 것을 의미합니다. 성대는 매우 부드럽고 연한 조직입니다. 강하게 자주 사용한다고 단련된다면, 성대결절은 단련된 성대의 상징이었을 것입니다. 발성은 100번, 1000번 소리 내면 목이 뚫려 소리 나는 것이 아닙니다. 한번을 소리 내도 올바른 방향으로 소리 내야 합니다.

중간점검

그동안 연습을 하며 어떤 느낌이 들었나요? 목소리에 변화가 느껴지나요? 발성 연습은 같은 연습을 하더라도 어떤 경우에는 효과가 있고, 어떤 경우에는 변화가 느껴지지 않습니다. 연습법에 대해 잘 이해했는지, 성실하고 올바르게 연습했는지, 연습 후 나의 목소리가 바뀌었는지 아래 질문들에 체크해보면서 지금까지의 과정들을 점검해보세요!

질문	매우 그렇다	조금 그렇다	아니다
1. 연습의 원리와 효과를 이해하고 연습했나요?			
2. 연습 별 주의사항을 잘 숙지하고 연습했나요?			
3. 연습을 정기적으로 꾸준히 했나요?			
4. 연습 시 다른 일을 하지 않고 집중해서 연습했나요?			
5. 연습을 하면서 목이 편해졌나요?			
6. 연습한 목소리를 일상생활에 적용해봤나요?			
7. 주변에서 목소리에 대해 긍정적인 피드백이 있나요?			

보이스 리부트

연습 테크닉 :   연습 횟수(시간) :

연습 성과(진도) :

연습 테크닉 :   연습 횟수(시간) :

연습 성과(진도) :

연습 테크닉 :   연습 횟수(시간) :

연습 성과(진도) :

연습 테크닉 :   연습 횟수(시간) :

연습 성과(진도) :

연습 테크닉 :   연습 횟수(시간) :

연습 성과(진도) :

연습 테크닉 :   연습 횟수(시간) :

연습 성과(진도) :

연습 테크닉 :   연습 횟수(시간) :

연습 성과(진도) :

Q. 물은 얼마나 마시는게 좋을까요?

A. 성대 표면의 점막은 점탄성을 가지고 있어, 소리를 낼 때마다 부드럽게 진동합니
다. 그런데 성대가 건조해지면 이 점탄성이 떨어지기 때문에, 충분한 수분 섭취가
매우 중요합니다. 성대 건강을 위해 하루 8~10잔 정도의 물을 권장하며, 한 번에
많이 마시는 것보다는 자주 조금씩 마시는 것이 더 효과적입니다. 또한, 평소 입안
이 마르지 않도록 비강 호흡을 유지하는 것이 좋고, 따뜻한 물에서 나오는 수증기
를 들이마시는 것도 성대를 촉촉하게 유지하는 좋은 방법입니다.

연습 테크닉 :   연습 횟수(시간) :

연습 성과(진도) :

연습 테크닉 :   연습 횟수(시간) :

연습 성과(진도) :

연습 테크닉 :   연습 횟수(시간) :

연습 성과(진도) :

연습 테크닉 :   연습 횟수(시간) :

연습 성과(진도) :

연습 테크닉 :   연습 횟수(시간) :

연습 성과(진도) :

연습 테크닉 :   연습 횟수(시간) :

연습 성과(진도) :

연습 테크닉 :   연습 횟수(시간) :

연습 성과(진도) :

Q. 술을 먹으면 노래가 더 잘 되는 기분입니다. 왜 그런 건가요?

A. 술을 마시면 성대가 일시적으로 붓는 현상이 생깁니다. 평소에 성대 접촉이 부족했던 사람은 이로 인해 성대가 더 잘 붙고, 소리가 힘 있게 나오는 느낌을 받을 수 있어요. 그래서 가끔 술을 마신 뒤 노래가 잘 된다고 느끼는 경우가 있고, 실제로 그런 상태에서 녹음하는 가수들도 있습니다. 하지만 장기적으로 보면 술은 역류성 질환을 유발하고 성대를 건조하게 만들어, 오히려 성대 건강을 해칠 수 있습니다. 일시적인 효과에 의존하기보다, 건강한 발성을 위한 연습이 더 중요합니다.

연습 테크닉 :   연습 횟수(시간) :

연습 성과(진도) :

연습 테크닉 :   연습 횟수(시간) :

연습 성과(진도) :

연습 테크닉 :   연습 횟수(시간) :

연습 성과(진도) :

연습 테크닉 :   연습 횟수(시간) :

연습 성과(진도) :

연습 테크닉 :   연습 횟수(시간) :

연습 성과(진도) :

연습 테크닉 :   연습 횟수(시간) :

연습 성과(진도) :

연습 테크닉 :   연습 횟수(시간) :

연습 성과(진도) :

Q. 항상 목이 아프고 인후염을 달고 삽니다. 해결법이 있을까요?

A. 만성적인 인후염이 있다면 의료진의 진료를 받는 것이 우선입니다. 특히 인후염의 흔한 원인인 역류성 질환은 약물에만 의존하기보다는, 야식을 줄이고 과식을 피하며 금주하는 등 생활습관 개선이 함께 이루어져야 효과를 볼 수 있습니다. 이물감을 유발하는 후비루도 코 세척과 같은 꾸준한 관리가 중요합니다. 또한, 하루 일과를 마친 뒤 목이 자주 아프다면, 단순한 염증이 아니라 발성 습관에 문제가 있을 가능성도 있으니, 발성 상태를 한 번 점검해보는 것도 도움이 됩니다.

연습 테크닉 :   연습 횟수(시간) :

연습 성과(진도) :

연습 테크닉 :   연습 횟수(시간) :

연습 성과(진도) :

연습 테크닉 :   연습 횟수(시간) :

연습 성과(진도) :

연습 테크닉 :   연습 횟수(시간) :

연습 성과(진도) :

연습 테크닉 :   연습 횟수(시간) :

연습 성과(진도) :

연습 테크닉 :   연습 횟수(시간) :

연습 성과(진도) :

연습 테크닉 :   연습 횟수(시간) :

연습 성과(진도) :

Q. 저는 어릴 때부터 목소리가 허스키했는데, 제 자녀의 목소리도 허스키합니다. 유전적인 원인인가요?

A. 어느 정도 유전적인 영향이 있을 수는 있지만, 대부분의 경우 허스키한 목소리는 후두 구조보다는 발성 습관에서 비롯됩니다. 아이는 말을 배우면서 발성 습관 또한 주변 어른에게 배웁니다. 그래서 아이가 발성훈련을 받을 때에는 보호자도 함께 훈련을 받는 것이 좋습니다. 실제로 병원에서는 보호자가 함께 연습하며 아이가 자연스럽게 따라하고, 건강한 목소리를 찾아가는 경우가 많습니다. 아이의 목소리가 걱정된다면, 늦기 전에 함께 연습을 시작해보는 것도 좋습니다.

연습 테크닉 :　　　　　　　　　　　　　연습 횟수(시간) :

연습 성과(진도) :

연습 테크닉 :　　　　　　　　　　　　　연습 횟수(시간) :

연습 성과(진도) :

연습 테크닉 :　　　　　　　　　　　　　연습 횟수(시간) :

연습 성과(진도) :

연습 테크닉 :　　　　　　　　　　　　　연습 횟수(시간) :

연습 성과(진도) :

연습 테크닉 :　　　　　　　　　　　　　연습 횟수(시간) :

연습 성과(진도) :

연습 테크닉 :　　　　　　　　　　　　　연습 횟수(시간) :

연습 성과(진도) :

연습 테크닉 :　　　　　　　　　　　　　연습 횟수(시간) :

연습 성과(진도) :

Q. 타고난 목소리가 허스키한 경우도 있나요?

A. 선천적으로 성대에 질환을 가지고 태어나는 경우는 드물며, 대부분은 그렇지 않습니다. 일반적으로 어린 시절 심하게 울거나 소리를 많이 지르는 등의 이유로 소아 성대 결절이 생기고, 이로 인해 타고난 목소리가 허스키하다고 오해하는 경우가 많습니다. 소아 성대결절이라면 음성 치료를 통해 회복이 가능하며, 성대에 특별한 이상이 없음에도 목소리가 허스키한 경우에는 올바른 발성 훈련을 통해 보다 맑고 건강한 목소리를 찾을 수 있습니다.

연습 테크닉 :　　　　　　　　　　　　　연습 횟수(시간) :

연습 성과(진도) :

연습 테크닉 :　　　　　　　　　　　　　연습 횟수(시간) :

연습 성과(진도) :

연습 테크닉 :　　　　　　　　　　　　　연습 횟수(시간) :

연습 성과(진도) :

연습 테크닉 :　　　　　　　　　　　　　연습 횟수(시간) :

연습 성과(진도) :

연습 테크닉 :　　　　　　　　　　　　　연습 횟수(시간) :

연습 성과(진도) :

연습 테크닉 :　　　　　　　　　　　　　연습 횟수(시간) :

연습 성과(진도) :

연습 테크닉 :　　　　　　　　　　　　　연습 횟수(시간) :

연습 성과(진도) :

Q. 목이 아플 때는 연습하면 안되나요?

A. 목이 아플 때는 상황에 따라 조심하는 것이 필요합니다. 오랜 시간 목을 사용한 뒤 아픔이 느껴진다면 과도한 사용으로 인한 피로일 수 있으니, 하루 이틀 정도 충분히 쉬어주는 것이 좋습니다. 반대로 특별히 무리하지 않았는데 갑자기 목이 아프다면, 급성 후두염 같은 염증이 원인일 수 있으니 병원 진료를 받아보는 것을 권장합니다. 만약 연습할수록 통증이 심해진다면 잘못된 방식으로 훈련하고 있을 가능성이 큽니다. 이럴 땐 무리해서 계속하기보다 연습을 잠시 멈추고, 현재의 방법이 올바른지 점검해보는 것이 필요합니다. 몸에서 보내는 신호를 무시하지 말고, 언제든 불편함이 있다면 휴식과 점검을 먼저 해주세요.

연습 테크닉 :   연습 횟수(시간) :

연습 성과(진도) :

연습 테크닉 :   연습 횟수(시간) :

연습 성과(진도) :

연습 테크닉 :   연습 횟수(시간) :

연습 성과(진도) :

연습 테크닉 :   연습 횟수(시간) :

연습 성과(진도) :

연습 테크닉 :   연습 횟수(시간) :

연습 성과(진도) :

연습 테크닉 :   연습 횟수(시간) :

연습 성과(진도) :

연습 테크닉 :   연습 횟수(시간) :

연습 성과(진도) :

Q. 꼭 발성 훈련을 받아야 하나요? 유튜브를 보고 연습하면 어떤가요?

A. 발성 훈련은 길을 찾아가는 과정과 비슷합니다. 목적지가 어디인지 알더라도 지금 내 위치를 모르면 정확한 방향을 잡기 어렵죠. 전문가와 함께하는 개인 또는 그룹 레슨은 자신의 현재 상태를 객관적으로 파악하고, 필요한 훈련 방향을 정확히 잡을 수 있다는 점에서 큰 장점이 있습니다. 물론 유튜브 영상이나 텍스트 자료도 도움이 될 수 있습니다. 영상은 기억하기 어려운 음색이나 공명감을, 텍스트는 발성의 구조와 흐름을 이해하는 데 도움이 됩니다. 가장 좋은 건 이 세 가지(레슨, 영상, 텍스트)를 상황에 맞게 함께 활용하는 것입니다. 그렇게 하면 더 효율적으로 좋은 목소리를 찾아갈 수 있습니다.

7.2.4. 나의 발성 최종 점검

그동안 원하는 발성 목표를 세우고 나만의 리부트 리스트를 만들어 연습하느라 고생하
셨습니다. 이제 발성 목표를 얼마나 달성하였는지 확인 할 시간입니다.

1) 나의 발성 목표 확인 하기

목표하였던 발성은 무엇이었고 내 목소리는 어떤 변화가 있었나요?

목표 :

변화된 점 :

2) 나의 전반적 목소리 상태 점검하기

1장 목소리 바로 알기의 문항을 체크한 뒤 Good 개수를 참고하여 자신만의 도형을 만
드시기 바랍니다.

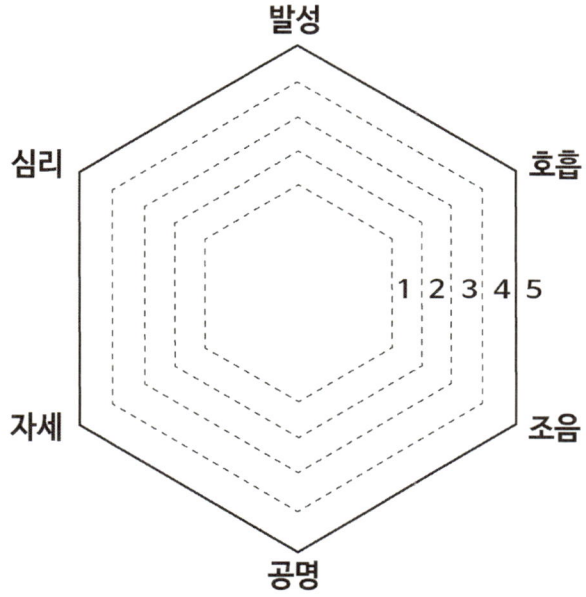

3) 리부트 리스트 달성 여부 확인하기

7.2.2 나의 발성 계획에서 설정한 나만의 리부트 포인트가 달성되었는지 확인해 보세요. 아쉬운 점이 있었다면 보완할 점에 기록하여 더 효과적인 연습으로 이어가 보세요!

① ex) 발성의 초점이 또렷하다

달성여부 :　　　　　　　　　　　**보완할 점 :** ex) 음계 조절에서 적용이 필요함

②

달성여부 :　　　　　　　　　　　**보완할 점 :**

③

달성여부 :　　　　　　　　　　　**보완할 점 :**

④

달성여부 :　　　　　　　　　　　**보완할 점 :**

⑤

달성여부 :　　　　　　　　　　　**보완할 점 :**

(((맺는 글)))

발성 훈련을 받으러 오는 많은 분들은 '예쁜 목소리', '멋진 목소리'를 갖고 싶다고 말씀하십니다. 사실 예쁜 목소리를 갖고 싶다는 욕망 때문에 나의 목소리를 잊어버린 것일 수도 있는데 말이죠. 저희는 그런 말씀을 들으면 일단 그 마음에 공감하면서도, 건강한 발성을 회복하는 데 초점을 맞춰 훈련을 시작합니다.

훈련이 진행되어 목소리에 변화가 생기면, 어떤 분들은 자신의 목소리에 만족해하시고, 또 어떤 분들은 어색하다고 느끼십니다. 특히 어색하다고 말씀하시는 분들 중에는 소리를 내는 것이 이전보다 훨씬 편해졌다고 하면서도, 본인이 생각하던 '예쁜 목소리'와 다르다는 이유로 고민하시는 경우가 많습니다. 하지만 '예쁜 목소리'란 과연 무엇일까요?

'심리' 파트에서 말씀드렸듯이, 예쁘고 멋지다는 기준은 사람마다 다릅니다. 누군가는 서구적인 이미지를 예쁘다고 하고, 누군가는 동양적인 이미지를 아름답다고 여깁니다. 목소리도 마찬가지입니다. 어떤 분은 하이톤의 맑은 소리를 예쁘다고 느끼고, 어떤 분은 중저음의 안정된 목소리를 멋지다고 여깁니다. 이는 단순히 성별의 차이로만 설명할 수 없습니다. 중저음의 신뢰감 있는 목소리를 가진 여성 앵커들도 우리 주변에서 쉽게 볼 수 있기 때문입니다.

이 책에서 소개한 음성치료 기법들은 매우 기초적인 훈련들입니다. 복잡하거나 고난도의 기술이 아니라, 누구나 접근할 수 있는 쉬운 방법들입니다. 심지어 테크닉적으로 뛰어난 성악가분들도 소리가 잘 나오지 않을 때, "이렇게 기초적인 게 왜 안 되지?" 하고 의아해할 정도로 단순한 훈련입니다. 중요한 것은 훈련의 난이도가 아니라, 그 안에서 정확한 소리와 그렇지 않은 소리를 구분해내고, 바른 방향으로 이끄는 것입니다. 바로 그 점이 저희가 집중하는 핵심이며, 훈련의 성패를 좌우하는 가장 중요한 포인트입니다. 그 지점을 잡는다면, 누구나 자신만의 고유한 '보이스 아이덴티티'를 찾을 수 있습니다.

저희가 경험한 바로는 누구에게나 편안하고 자연스럽게 들리는 목소리는 단 하나, 바로 자기 자신의 목소리입니다. 인위적으로 꾸미지 않은 본래 타고난 소리를 온전히 드러낼 때, 우리는 비로소 가장 매력적인 목소리를 낼 수 있습니다.

이 책에는 총 30가지의 훈련법을 소개하고 있습니다. 일부는 원리가 유사해 보일 수 있지만, 각각의 용도와 적용 방식이 다르기 때문에 구분해 설명드렸습니다. 또한, 독자 여러분의 편의를 위해 문제 유형별로 적절한 훈련법을 연결해 두었습니다. 다만 한 가지 기법이 특정 문제 해결에만 국한되지 않으며, 실제 훈련 현장에서는 동일한 기법이 다양한 방식으로 활용됩니다.

책을 집필하며 가장 고민했던 점은, '소리'를 글로 완벽히 전달할 수 없다는 점이었습니다. 단어의 선택, 독자의 배경지식, 발성 경험, 감각 능력 등에 따라 같은 문장도 전혀 다르게 받아들여질 수 있기 때문입니다. 그럼에도 최대한 정확하고 구체적인 표현을 통해 전달하고자 노력했습니다. 그러나 혹시라도 여전히 어려움을 느끼실 독자분들께 몇 가지 당부의 말씀을 드리고자 합니다.

첫째, 자신의 문제를 인식하기 어려울 수 있습니다. 사실, 훈련이 잘 된 사람조차 자신의 문제를 완전히 파악하기란 쉽지 않습니다. 그만큼 자기 모니터링과 고유수용감각은 복잡하고 미묘한 능력입니다. 열심히 연습했지만 개선이 느껴지지 않는다면, 혹시 내가 인지하지 못한 다른 문제가 있는 것은 아닌지 돌아보는 것이 좋습니다. 자신의 목소리를 녹음해 듣거나, 가까운 사람에게 의견을 물어보는 것도 좋은 방법입니다.

둘째, 실제 현장에서 사용되는 모든 훈련법을 담을 수는 없었습니다. 책에는 대표적이고 널리 쓰이는 훈련법들을 최대한 담았지만, 개별 코칭이 필요한 방법이나 이름 없이 직관적으로 사용하는 훈련법들은 포함하지 못했습니다. 보통 이런 방법들은 기존 훈련법으로 변화가 더딘 분들께 개별적으로 적용하는 방식입니다. 이러한 점은 너그럽게 이해해주시면 감사하겠습니다.

셋째, 발성에 변화가 없다면 전문가의 도움을 받는 것이 좋습니다. 책을 통해 원리를 이해했다 하더라도, 그것을 실제 몸으로 구현하는 것은 또 다른 차원의 문제입니다. 앞서 말씀드렸듯이, 문제를 정확히 인식하지 못하거나, 오래된 습관이 강하게 남아 있을 경우에는 스스로 해결하기 어려운 경우도 많습니다. 연습할수록 발성이 오히려 힘들어지는 느낌이 든다면, 그건 잘못된 방법으로 연습하고 있을 가능성이 높습니다. 이럴 경우에는 꼭 전문가의 도움을 받으시길 권합니다.

우리는 살아가며 다양한 환경적 요인에 의해 목소리를 잘못 사용하게 됩니다. 타인의 목소리를 따라 하거나, 사회적 기대에 맞추려 애쓰다가 본래의 목소리를 잃는 경우도 많습니다. 혹은 직업적 이유로 무리하게 목소리를 사용하다가 어느 순간 더 이상 편하게 소리를 낼 수 없게 되기도 합니다. 책 제목을 '보이스 리부트(Voice Reboot)'라 한 이유도 여기에 있습니다. 음성치료 기법들을 통해 오류가 생긴 목소리를 초기화하고, 건강한 자신의 목소리를 되찾을 수 있도록 돕고자 하는 마음을 담았습니다. 자신의 목소리를 되찾는 순간, 우리는 누구보다도 깊고 진정성 있는 소리를 낼 수 있게 됩니다. 당신의 목소리가 가장 아름다운 목소리입니다.

참고문헌

1) Mehrabian, A. (1971). Silent messages. Wadsworth Publishing Company.

2) 권순복. (2009). 선행연구 분석을 통한 매력적인 목소리의 특성 연구. 언어치료연구, 18(4), 105–122.

3) Laukkanen, A. M. (1992). Voiced bilabial fricative /ß:/ as a vocal exercise: An electroglottographic and acoustic investigation. Scandinavian Journal of Logopedics and Phoniatrics, 17(3-4), 181–189.

4) van Leer, E., & Connor, N. P. (2012). Use of portable dig tal media players increases patient motivation and practice in voice therapy. Journal of Voice, 26(4), 447–453.

5) Boogers, L. S., Chen, B. S., Coerts, M. J., Rinkel, R. N., & Hannema, S. E. (2022). Mobile phone applications Voice Tools and Voice Pitch Analyzer validated with LingWAVES to measure voice frequency. Journal of Voice.

6) Christmann, M. K. (2017). Controlled and randomized clinical trial of intensive short-term voice therapy with finger kazoo technique in teachers. Audiology Communication Research, 22, e1791.

7) Behrman, A., & Haskell, J. (2019). Exercises for voice therapy. Plural Publishing.

8) Gish, A., Kunduk, M., Sims, L., & McWhorter, A. J. (2012). Vocal warm-up practices and perceptions in vocalists: A pilot survey. Journal of Voice, 26(1), e1–e10.

9) Ogawa, M. (2014). Immediate effects of humming on computed electroglottographic

parameters in patients with muscle tension dysphonia. Journal of Voice, 28(6), 733–741.

10) Cooper, M., & Curtis, J. M. (2006). Curing Hopeless Voices: The Strangled Voice and Other Voice Problems with Direct Voice Rehabilitation. Voice and Speech Company of America.

11) Desjardins, M., & Bonilha, H. S. (2020). The impact of respiratory exercises on voice outcomes: A systematic review of the literature. Journal of Voice, 34(4), 648.e1–648.e39.

12) Homma, I., & Masaoka, Y. (2008). Breathing rhythms and emotions. Experimental Physiology, 93(9), 1011–1021.

13) Stallibrass, C., Frank, C., & Wentworth, K. (2005). Retention of skills learnt in Alexander Technique lessons: 28 people with idiopathic Parkinson's disease. Journal of Bodywork and Movement Therapies, 9(2), 150–157.

14) Cockburn, J. (2023). Portrait of an insecure young man: An exploration of the online propagation of mewing (학사 학위논문). Claremont McKenna College.

15) Vanhecke, F., Lebacq, J., Moerman, M., Manfredi, C., Raes, G. W., & DeJonckere, P. H. (2016). Physiology and acoustics of inspiratory phonation. Journal of Voice, 30(6), 769.e9–769.e18.

16) Finger, L. S., & Cielo, C. A. (2007). Reverse phonation: Physiologic and clinical aspects of this speech voice therapy modality. Revista Brasileira de Otorrinolaringologia, 73(2), 271–277.

17) Kotby, M. N., El-Sady, S. R., Basiouny, S. E., Abou-Rass, Y. A., & Hegazi, M. A. (1991). Efficacy of the Accent Method of voice therapy. Journal of Voice, 5(4), 316–320.

18) Kotby, M. N. (1995). The accent method of voice therapy: Effect of accentuations on F0, SPL, and airflow. The Accent Method of Voice Therapy. Singular Publishing Group.

19) 이창윤, 박희준, 김근효, & 권순복. (2019). 증강현실을 이용한 중재가 조음음운장애 아동의 조음정확도 개선에 미치는 효과. 특수교육재활과학연구.

20) 김수진. (2015). 말소리장애. 시그마프레스.

21) Guzman, M., Laukkanen, A. M., Krupa, P., Horáček, J., Švec, J. G., & Geneid, A. (2013). The impact of combined resonant voice and semi-occluded vocal tract exercises on objective and subjective outcomes in subjects with voice complaints. Journal of Voice, 27(6), 1–10.

22) Dromey, C., Heaton, E., & Hopkin, J. A. (2011). The acoustic effects of vowel equalization training in singers. Journal of Voice, 25(6), 678–682.

23) Subhakarn, B. (2022). The use of consonant sounds in vocalization: Background, questions, and its importance for singing. Wipitpatanasilpa Journal of Arts, Graduate School, 2(1), 67-83.

24) Woodman, J., Ballard, K., Hewitt, C., & MacPherson, H. (2018). Self-efficacy and self-care-related outcomes following Alexander Technique lessons for people with chronic neck pain in the ATLAS randomised, controlled trial. European Journal of Integrative Medicine, 17, 64–71.

25) Weiss, D. A., & Beebe, H. H. (1951). The chewing approach in speech and voice therapy. S. Karger.

26) Boone, D. R., McFarlane, S. C., Von Berg, S. L., & Zraick, R. I. (2013). The voice and voice therapy (9th ed.). Pearson.

27) McCabe, D. J., & Titze, I. R. (2002). Chant therapy for treating vocal fatigue among public school teachers: A preliminary study. American Journal of Speech-Language Pathology, 11(4), 356–369.

28) Chapman, J. L. (2006). Singing and teaching singing: A holistic approach to classical voice. Plural Publishing.

29) Dehqan, A., Scherer, R. C., & Dashti, G. (2017). Positive effects of manual circumlaryngeal therapy in the treatment of muscle tension dysphonia (MTD): Long-term treatment outcomes. Journal of Voice, 31(1), 119.e1–119.e9.

30) Mathieson, L., Hirani, S. P., Epstein, R., Baken, R. J., Wood, G., & Rubin, J. S. (2009). Laryngeal manual therapy: A preliminary study to examine its treatment effects in the management of muscle tension dysphonia. Journal of Voice, 23(3), 353–366.

31) Mathieson, L. (2011). The evidence for laryngeal manual therapies in the treatment of muscle tension dysphonia. Current Opinion in Otolaryngology & Head and Neck Surgery, 19(3), 160–163.

32) Paolillo, N. P., & Carrozza, S. (2019). Inspiratory vocal fry: Anatomical and physiological aspects, application in speech therapy, vocal pedagogy and singing. A pilot study. Journal of Voice, 33(5), 812.e1–812.e6.

33) 안대성. (2020). 목소리 사용설명서 (개정판). 예솔.

34) Zhang, Z. (2021). The physical aspects of vocal health. Acoustics Today, 17(3), 60–68.

35) Orellana Marambio, P., Rosales Lillo, F. G., & Monichi Montenegro, G. (2025). Reinforced falsetto to increase the glottic closure in patients diagnosed with unilateral vocal fold paralysis: A preliminary study. Revista de Investigación en Logopedia, 15(1), e92709.

36) 최현묵, & 백희숙. (2016). 건강한 내 몸 사용법 알렉산더 테크닉. 무지개다리너머.

37) Chauhan, B. C. (2011). To smile or not to smile! International Journal for Research in Education (IJRE), 1(1), 23–27.

38) 김재옥, 이승진 (2019). 발화범위 프로파일 과제 개발 및 타당성 검증. 말소리와 음성과학, 11(3), 77–87.

39) 황영진. (2004). 성별 및 지역 간 정상 성인의 비성도 연구. 언어청각장애연구, 12(3), 508-520.

40) 홍기환, 김영자, 김영국. (1994). 편도적출술이 음형체 및 비음도에 미치는 영향. 대한이비인후과학회지, 37(3), 543-552.

41) Lucchini, E., & Maccarini, A. R. (2017). Voice improvement in patients with functional dysphonia treated with the proprioceptive-elastic (PROEL) method. Journal of Voice, 31(3), 385.e1–385.e6.

42) Brand, S. (2021). Attentional focus effects and singing: Enhancing vocal performance through body movements and gestures as external foci of attention. The International Journal of Arts Education, 16(2), 1–12.

43) Treinkman, M. (2022). Focus of attention in voice training and performance: Applications to the voice studio. Journal of Singing, 79(1), 21–28.

44) Sun, Y., Lu, X., Ho, H. T., & Thompson, W. F. (2017). Pitch discrimination associated with phonological awareness: Evidence from congenital amusia. Scientific Reports, 7, Article 44285.

보이스 리부트

발행 | 2025년 9월 30일

저자 | 정대용, 김종현, 안대성

펴낸이 | 한아름

디자인 | FLOW

펴낸곳 | 위라운드

출판사등록 | 2022.12.14. (제2022-230호)

주소 | 서울 서초구 효령로33길 35 B1

이메일 | weround@naver.com

ISBN | 979-11-981693-1-0 03190